Dieses Buch gehört:

Das Kochbuch aus Niedersachsen

gesammelt, aufgeschrieben und ausprobiert von

Gisela Allkemper

verlegt von
Wolfgang Hölker

ISBN-Nr. 3-88117-011-1
VVA-Nr. 28000011-6

D-4400 Münster, Martinistraße 2

Printed in Germany
Imprimé en Allemagne
Herstellung: Druckhaus Cramer, Greven
Buchbinderische Verarbeitung:
Klemme und Bleimund, Bielefeld

Inhalt

Vorwort

Ein Kochbuch aus Niedersachsen zusammenzutragen,
ein Kochbuch aus einem so großen Land,
ein Kochbuch aus so vielen verschiedenen Territorien und Landesteilen, vom Küstensaum und Marschenland, aus Moor- und Geestlandschaften, von Lößböden und aus waldigem Bergland – das ist eigentlich zuviel des Guten!

Hier gab es die Welfenlande, Herzogtümer, Fürstentümer, Erzstifte, Bistümer und Grafschaften – mit einer eigenen Geschichte bis hin zur Entstehung des Landes Niedersachsen aus Braunschweig und Hannover, aus Oldenburg und Schaumburg-Lippe.

Aus allen Landesteilen Niedersachsens sind volkstümliche Rezepte zusammengetragen worden, um sie davor zu bewahren, angesichts der sich wandelnden Lebensformen, vergessen zu werden.

Sie werden deshalb hier möglichst in der originalen Fassung wiedergegeben. Da gibt es Unterschiede zum heutigen Geschmack und zu modernen Ernährungsweisen: doch dann habe ich Vorschläge für Abweichungen oder für Zutaten hinzugefügt. Außerdem kann ich von mancherlei traditionellem Brauchtum bei Essen und Trinken berichten oder Entstehungshintergründe mitteilen oder kleine Geschichten und lustige Begebenheiten zum jeweiligen Gericht erzählen.

Herkömmliche Eß- und Trinkgewohnheiten zu bewahren, landschaftstypische Rezepte zu übermitteln in einem einzigen Buch – das erfordert für ein Land wie Niedersachsen Beschränkung auf Beispiele. Ich mußte eine Auswahl treffen.

Wer deshalb ein Gericht, das ihm für Niedersachsens Land wichtig erscheint, hier nicht findet, der möge es bitte selbst nachtragen. Für Notizen und weitere Rezepte ist eigens Platz gelassen.

Schließlich danke ich allen, die mir geholfen haben, diese Rezepte zusammenzutragen, niederzuschreiben und auszuprobieren.
Ich hoffe, daß alle, die dieses Buch zur Hand nehmen, mit Freude darin herumstöbern – und jedem, der danach kocht, wünsche ich
Guten Appetit!

Ihre
Gisela Allkemper

fig. 1

Suppen und Suppeneintöpfe

Suppen und Suppeneintöpfe nehmen in Niedersachsen neben den vielen Milchspeisen einen breiten Raum ein. Sie wurden früher fast immer mit Klößen der verschiedensten Zubereitungsart angereichert. Sie galten als klare Rindfleischbrühe und als fette Wurstsuppe immer als Vorspeise. Das Fleisch aß man danach mit Gemüse oder auch kleingeschnitten im Gemüse. Man findet relativ wenig gebratene Fleischgerichte, erklärlich aus der Vorratshaltung. Nur frisches Fleisch wurde gebraten, gepökeltes oder geräuchertes wurde gekocht. Hinzu kommt, daß, bei der Vielbeschäftigung der Hausfrau, nur Zeit für das Kochen von Gerichten blieb, die sozusagen von selber gar wurden.

Oldenburger Mockturtle-Suppe

Mockturtlesuppe ist eine gebundene Fleischbrühe, die auf den Schildkrötengeschmack gebracht worden ist. Schildkrötensuppen sind zumeist klare Brühen, die Oldenburger Mockturtlesuppe ist eine gebundene Cremesuppe. Es ist etwas Arbeit damit verbunden, sie zuzubereiten, aber der Aufwand lohnt sich.

1/2 Kalbskopf (vom Metzger küchenfertig vorbereitet), 1–2 l Wasser, 1 Bund Suppengemüse, 3 Lorbeerblätter, 1 Zwiebel, 6 Nelken, 4 Wacholderbeeren, Salz, Pfeffer, 500 g frische Champignons, 40 g Butter, 40 g Mehl, 1 l Brühe, 1/8 l Madeira, Salz, Pfeffer, Majoran, Thymian, evtl. Fondor

Den Kalbskopf mit dem Wasser, dem geputzten Suppengemüse, den Champignons und den Gewürzen zum Kochen aufsetzen. Langsam gar kochen lassen. Das Fleisch herausnehmen, in kleine Würfel schneiden, und die Brühe durchsieben. Die Butter zerlassen, mit dem Mehl gelblich anschwitzen und mit Brühe auffüllen. Man schmeckt mit Madeira, Fondor und Gewürzen ab und gibt das geschnittene Fleisch in die Suppe zurück. Recht heiß servieren. Zugeständnis: die Pilze in Scheiben schneiden und mit dem Fleisch in die Suppe geben.

Oberharzer Kloßsuppe

$^1/_2$ kg Schweinefleisch (Brust, Haxe, Kamm), 2 Zwiebeln, 4 Stangen Porree, Salz, Pfeffer, 1 l Wasser
Klöße: 500 g gekochte Kartoffeln, 500 g roh geriebene Kartoffeln, 1 Ei, 60 g Mehl, 1 TL Salz, einige geröstete Weißbrotwürfel

Das Fleisch 1 Stunde vorkochen. Die Zwiebeln und den Porree putzen und würfeln. Mit dem Salz und Pfeffer zu der Suppe geben und noch einmal $^1/_2$ Stunde kochen lassen. Inzwischen die Klöße vorbereiten: die am Vortag gekochten, gepellten und durchgedrückten Kartoffeln mit den gut ausgedrückten, roh geriebenen vermengen. In den Teig Ei, Salz und Mehl arbeiten, so daß eine lockere Masse entsteht. Kleine Klöße abstechen, in die Mitte ein Brotstückchen geben und rund rollen. Das Fleisch aus der Suppe nehmen. Die Klöße in Salzwasser oder in der Suppe garen. Das Fleisch in Würfel schneiden und in die Suppe zurückgeben. Recht heiß servieren.

Am Lagerfeuer zubereiten!

Köhlersuppe aus dem Harz

Diese Suppe war sowohl den Köhlern als auch den Bergleuten im Harz ein stärkendes und wärmendes Frühstück. Sie kochten die Suppe in einem gußeisernen Topf, z. T. über offenem Holzfeuer.

Pro Person: 1 dicke Scheibe dunkles Brot, 1 dicke Zwiebel, 1 Stück Nierentalg, einige getrocknete Waldpilze, etwas Ingwer, Salz und Pfeffer, heißes Wasser

Das Fett in den Kessel geben, Brotbrocken und Zwiebelscheiben darin hellbraun rösten, mit Wasser auffüllen, Pilze zugeben und alles gut durchkochen lassen. Mit Ingwer, Salz und Pfeffer scharf würzen.

Fischsuppe von der Nordseeküste

1 $^1/_2$ l Brühe – aus einem Schinkenknochen gekocht –, 2 Zwiebeln, 1 Möhre, 1 Stange Porree, 20 g Butter, 200 g Fischfilet (Schellfisch, Kabeljau, Rotbarsch u. a.), 150 g Krabben (vorgekocht und gepult), 100 g Muscheln (vorgekocht und gepult), Salz, Pfeffer

Das Gemüse würfeln, in der Butter andünsten und mit der Brühe auffüllen. 10 Minuten gut durchkochen. Den Fisch in große Würfel schneiden und mit den Krabben und Muscheln in die Suppe geben. 15 Minuten ziehen, aber nicht kochen lassen. Mit Salz und Pfeffer abschmecken und mit gehackter Petersilie zu Tisch bringen.
Oftmals wird diese Suppe noch mit Klößchen (Klüten) angereichert und bildet dann eine vollständige Mahlzeit, zu der man nur noch Landbrot ißt.
Wollen Sie diese Suppe als Auftakt zu einem Festmenü reichen, so geben Sie doch noch etwas Weißwein oder Sherry daran.

Hecht-Suppe mit Klößchen

Diese Suppe wird gern aus den Resten vom Vortag zubereitet

1 kg Abfälle von Hechten (Gräten, Köpfe, Schwanzstücke), 2 EL Butter, 1 Bund Suppengrün, 1 Zwiebel, 1/2 TL getrockneter Salbei, 1 l Wasser, Salz, Pfeffer, etwas Sherry
Klöße: 500 g gekochtes Hechtfleisch, 1 EL gehackte Petersilie, 1 Ei, 1/2 TL Butter, 1 eingeweichtes, ausgedrücktes Brötchen, evtl. etwas Paniermehl

Die Butter im Topf zerlassen. Das Suppengrün (Sellerie, Porree, Möhre) putzen und kleinschneiden. Die Zwiebel würfeln. In der Butter anbraten. Mit Wasser ablöschen. Die gewaschenen Hechtabfälle (es können auch andere Fische sein) einlegen. Salbei zufügen, aufkochen und dann 10 Minuten ziehen lassen. Inzwischen das Hechtfleisch mit dem Brötchen durch die feine Scheibe des Fleischwolfs drehen, mit dem Ei, der Butter, etwas Milch und Petersilie zu einem geschmeidigen Kloß kneten. Mit Salz und Pfeffer abschmecken. 1 Probekloß abstechen und in heißes Wasser legen. Wenn er zerfällt, einige Löffel Paniermehl in die Masse arbeiten. Die Suppe durch ein Sieb seihen und gut abschmecken. Von der Kloßmasse kleine Klößchen abstechen und in der heißen Suppe 5 Minuten ziehen, aber nicht kochen lassen. Mit Sherry abschmecken und mit Petersilie bestreut zu Tisch geben.

Krabbensuppe

An der Küste werden die Krabben »Granat« genannt und von Kutterfischern gefangen. Das Auspulen ist zwar zeitraubend, aber frische Krabben von der Küste sind eine Delikatesse.

Schöne, fleischige Krabben kaufen

100 g Schinkenspeck, 1 Stange Porree, 1 Möhre, 1 Zwiebel, 20 g Butter, $1\frac{1}{2}$ l Wasser oder Brühe, 250 g frisch gekochte und gepulte Krabben (ersatzweise 2 Dosen Krabben), 40 g Mehl, $\frac{1}{8}$ l Sahne, 1 Eigelb, Salz, weißer Pfeffer

Den Speck und das Gemüse würfeln und in der Butter glasig dünsten. Mit Wasser auffüllen und 10 Minuten kochen lassen. Die Krabben zugeben und gut durchziehen, aber nicht mehr kochen lassen. Das Mehl mit der Hälfte der Sahne anrühren, in die Suppe geben, einmal aufkochen. Den Rest der Sahne mit dem Eigelb verrühren und unter die Suppe ziehen, diese aber nicht mehr kochen lassen. Mit Salz und Pfeffer abschmecken und eventuell mit Fondor aromatisieren.

Hochzeitssuppe aus dem Alten Land

Hochzeiten im Alten Land sind etwas Besonderes. Früher wurden dazu bis zu 500 Personen eingeladen, und auch heute noch wirbt man in den Tageszeitungen: »Wir feiern am . . . Hochzeit. Wer mit uns feiern will, melde sich bis zum . . . und zahle . . . DM ein.« Früher unterschied man Kaffee- und Suppenhochzeiten, die oft mehrere Tage andauerten. Bei den Suppenhochzeiten wurden — und so ist es heute noch — keine Kartoffeln gereicht. Dieser Brauch hat sich aus der Zeit erhalten, als es noch keine Kartoffeln gab. Dafür gab es neben der Suppe gekochte Rosinen, gekochte Zwetschgen und weißes, leicht gesüßtes Brot.

Das Hochzeitsfest wurde im Bauernhaus, in einem dieser prächtigen Altländer-Gehöfte, gefeiert. Zu dieser Gelegenheit wurde die große Brauttür geöffnet. Sie steht — reich verziert — mitten im Giebel und ist nur von innen zu öffnen. Durch diese Tür betraten die Gäste das Haus und setzten sich nach langer Gratulation zu Tisch. Jeder brachte seinen Löffel, der oft ein Kunstwerk an Filigranarbeit war, selbst mit. Da Sie sicherlich nicht für 500 Personen kochen, reduziere ich die Mengen auf 12 Personen.

10 l Wasser, 5 kg Suppenfleisch vom Rind und einige Knochen, 60 g Salz, 1 Sellerieknolle, 2 Stangen Porree, 1 Petersilienwurzel, 3 Möhren, 2 Rispen Maggikraut (Liebstöckel),
zum Binden der Suppe: 400 g Butter, 400 g Mehl, 4 Eigelb zum Legieren, dazu: geriebene Muskatnuß und gemahlener Ingwer nach Geschmack

Das Fleisch in kaltem Wasser aufsetzen und 1 Stunde vorkochen. Zwischendurch abschäumen. Die letzte halbe Stunde gibt man das Salz und das geputzte, kleingeschnittene Gemüse hinein und läßt es mitkochen. Das Fleisch aus der Suppe nehmen und in löffelgroße Stücke schneiden. Aus Butter und Mehl eine helle Schwitze bereiten, mit der durchgesiebten Suppe ablöschen und durchkochen. Das Gemüse, das in dem Sieb hängenbleibt, gut ausdrücken, passieren und als Gemüsebrei mit in die Suppe geben. Die Eigelb mit etwas Suppe verquirlen und in die Suppe schlagen. Nicht mehr kochen lassen, da die Suppe sonst »gerinnt«. Das Fleisch hineingeben, mit Muskat und Ingwer abschmecken und warmhalten. Dazu Weißbrot, in Scheiben geschnitten, und gekochte Rosinen und Pflaumen servieren. Die Rosinen nach Belieben in die Suppe geben. Die Pflaumen vom Glasteller essen.

Biersuppe

Biersuppe, Braten mit dickem Reis, Pflaumen und Rosinen waren früher im Ammerland das traditionelle Heilig-Abend-Gericht.

$^{1}/_{2}$ l Bier, $^{1}/_{2}$ l Milch, 60 g Sago oder Speisestärke, 2 Eier, 4 EL Zucker

Die Milch aufkochen, Sago einstreuen und etwa 30 Minuten ausquellen lassen. Langsam das Bier zugießen. Eigelb, etwas Suppe und Zucker schaumig schlagen, die Suppe damit legieren und heiß halten. Bitte nicht mehr kochen lassen. Die Eiweiß recht steif schlagen. Mit einem Teelöffel Klößchen abstechen, auf die Suppe setzen und 10 Minuten bei geschlossenem Topf ziehen lassen. Mit Zimt und Zucker bestreut servieren.

Graupensuppe

2 $^1/_2$ l Wasser oder Brühe, 250 g geräucherter Speck, 300 g Graupen (Schillgassen), 300 g eingeweichte Backpflaumen, Salz, Zucker

Das Wasser oder die Brühe mit dem Speck zum Kochen ansetzen. Nach $^1/_2$ Stunde die Graupen und die Backpflaumen zusetzen und diese ausquellen lassen. Mit Salz und Zucker abschmecken. Mit Sirup servieren. Diese Suppe war im Oldenburgischen stets der Auftakt zu Hochzeitsessen. Danach gab es meistens gepökelten und geräucherten Schweinskopf mit Vizebohnen oder Erbsen, dann Sauerkraut mit Wurst, Schinken und geräucherter Speck. Den Abschluß bildete »dicker Reis mit Pflaumen«.

Brennettelsupp

Ein typisches Gericht aus der Südheide.

1 $^1/_2$ l Wasser, 1 großes Stück geräuchertes Fleisch, Salz, Pfeffer, 1 kg junge wildwachsende Taubnesselblätter

Das Fleisch in dem Wasser zum Kochen bringen und fast weich kochen. Die Taubnesselblätter waschen, trocken tupfen und in Streifen schneiden. In der Suppe mitkochen lassen. Mit Salz und Pfeffer scharf abschmecken und mit kleinen Mehlklößchen (s. S. 30) anreichern. Das Fleisch wird von einem zweiten Teller mit Senf gegessen. Die Suppe kann auch mit etwas angerührtem Mehl und ein bißchen Sahne gebunden und legiert werden.

Mellsupp

Sie wird aus dem hochgeschossenen Kraut der Melde bereitet. Die Suppe wird wie die Brennettelsupp zubereitet. Die Triebe werden vor dem Kochen allerdings leicht zerstampft. Schneiden Sie zur Abwechslung das Fleisch hierbei doch einmal in Würfel und geben es in die Suppe zurück.

Steckrübensuppe

2 Steckrüben, 2 Möhren, 2 Stangen Porree, 2 Zwiebeln, 2 l Wasser, 500 g Kartoffeln, 1 kg Schweineöhrchen, -pfötchen und -schwänzchen, Salz, Zucker, Pfeffer, Petersilie

Das Fleisch mit dem Salzwasser aufsetzen und 1/2 Stunde vorkochen. Danach fügt man die geputzten und in Stifte bzw. Ringe geschnittenen Gemüsesorten zu. Die Kartoffeln schälen, in Würfel schneiden und die letzte halbe Stunde mitkochen lassen. Das Fleisch aus der Suppe nehmen, absuchen, kleinschneiden und wieder in die Suppe geben. Diese leicht durchstampfen, abschmecken und bei offenem Deckel etwas einkochen lassen. Mit Petersilie bestreut zu Tisch bringen. In Braunschweig kocht man die letzte halbe Stunde noch eingeweichtes Backobst mit.

Köstlich! Tante Mia ist Spitze!

Dicke-Bohnen-Suppe

Im Oldenburgischen und im Emsland eine beliebte Sommerkost vornehmlich zur Erntezeit:

1/2 kg dicke Bohnen – ausgepult –, 750 g Rauchfleisch, 1 1/2 l Wasser, 750 g Kartoffeln, 2 Möhren, 1 Stengel Bohnenkraut, Salz, Pfeffer, 2 Zwiebeln

Das Rauchfleisch eine Nacht wässern und am anderen Morgen mit Wasser zum Kochen bringen. 1 Stunde lang vorkochen. Danach die frisch ausgepulten Bohnen, die geschälten und in Würfel geschnittenen Kartoffeln, Möhren und gewürfelten Zwiebeln zufügen und mit dem Bohnenkraut noch einmal 1/2 Stunde kochen lassen. Mit Salz und Pfeffer pikant abschmecken.
Das Fleisch entweder gesondert reichen oder kleingeschnitten in die Suppe zurückgeben.

Gröne Arvtensupp mit Salzfleisch

wird in ganz Niedersachsen gegessen. Wollen Sie die Suppe aber auf ostfriesische Art kochen, dann bereiten Sie sie mit grauen Erbsen zu.

Graue Erbsen kochen mit Natron besser vertragen.

250 g getrocknete grüne Erbsen, 2 l Wasser, 2 Möhren, 2 Stangen Porree, 2 Zwiebeln, 250 g durchwachsener Speck, 500 g Pökelfleisch, 1 kleiner Ring getrocknete (»drögt«) Mettwurst, 750 g Kartoffeln, Salz, Pfeffer.

Die Erbsen und das Fleisch eine Nacht in Wasser einweichen. Dann mit dem Einweichwasser der Erbsen und mit frischem Wasser (insgesamt etwa 2 l) und 1 TL Salz zum Kochen bringen. Sobald das Wasser kocht, das Fleisch und die Mettwurst zugeben und zugedeckt etwa 1 1/2—2 Stunden kochen lassen. Dann das geputzte und kleingeschnittene Gemüse sowie die Kartoffeln zur Suppe geben. Noch einmal etwa 1/2 Stunde kochen lassen. Mit Salz und Pfeffer abschmecken. Das Fleisch und die Wurst in Portionen teilen. Je eine Portion in einen Teller legen und mit Suppe auffüllen.
Die Erbsen sollen übrigens nicht zerkocht sein, die Kartoffeln kann man hingegen zum Schluß leicht zerdrücken, damit die Suppe sämig wird.

Kohlsuppe

Die Kohlsuppe war im Alten Land die übliche Morgen- und Abendkost. Dazu wurde im Winter der Kohl frisch geschnitten. Um im Sommer aber ebenso versorgt zu sein, wurde er im Frühjahr »geblattet«, an der Luft getrocknet, fein gerieben und in Leinenbeuteln aufbewahrt. Man kochte stets für eine Woche im voraus. Die Suppe wurde kalt gestellt, die jeweilige Portion aber mit dem Gemüse und den Gewürzen schmackhaft gemacht. Morgens aß man die Suppe zu Brot, abends vor gebratenen Klößen und Milch mit eingekrümelten Brotbrocken.

Omas Lieblingssuppe

1 1/2 kg Kohl, 2 l Wasser, 2 Möhren, 100 g Hafergrütze, 2 Zwiebeln, Salz, Zucker, Nelkenpfeffer, einige Pinkelwürste oder 1 Stück geräucherter durchwachsener Speck.

Den Kohl verlesen und grob hacken. Mit der Grütze vermengen und in das kochende Wasser geben. Ausquellen bzw. gar kochen lassen

(15 Minuten). Dann die gewürfelten Möhren und Zwiebeln, die Gewürze und die Würste zugeben. Gut kochen lassen, bis alle Zutaten gar sind. Wenn Sie keine Würste mitkochen lassen, dann würfeln Sie den Speck, lassen ihn in der Pfanne aus und reichern die Suppe damit an.

Grapenbraten

Seit 1293 sind im Alten Land die eisernen »Grapen« = Töpfe bekannt. Seitdem gibt es auch den Grapenbraten, dessen Name uns irreleitet, weil er eine Suppe aus Pökelfleisch, Rüben und Fett ist. Aber lassen wir ein altes — etwa um 1850 — aufgeschriebenes Rezept sprechen:

»Man tut ein tüchtiges Stück Speck in den Topf und soviel Wasser gießt man darüber, als man Suppe zu haben wünscht, dann kommen dazu 1 bis 2 Steckrüben und Wurzeln, ein paar Mohrrüben und einige ungeschälte große Birnen. Wenn alles in Stücke geschnitten und gar ist, setzt man noch die Klüten in den Topf, die auf folgende Weise zubereitet werden:
In eine tiefe Schüssel, am besten von Holz, tut man reichlich bestes Weizenmehl, salzt es und gießt nun aus dem Teekessel brausend kochendes Wasser aufs Mehl, genau so viel als nötig ist, die Klüten nicht zu lose und nicht zu fest zu bekommen, das richtige Maß lernt sich durch die Übung. Ein Nachfüllen von Mehl oder Wasser macht die Klüten weniger gut. Mit dem Klütenmesser, einem kurzen, aber breiten, starken Holzmesser, werden Mehl und Wasser rasch glatt und sorgsam verrührt und dann mit einem nicht zu tief gehöhlten Holzlöffel von dem steifen Teig Klüten abgestochen, mit ein paar Schlägen rasch gerundet und in die kochende Suppe getan. Die Brühe beim Grapenbraten darf nicht gebunden sein, muß aber eine dicke gleichmäßige Fettschicht aufweisen. Sehr zur Verfeinerung des Gerichtes dient es, wenn man neben dem Speck noch eine Mettwurst in der Suppe kocht.«
Neuere Form: Das Fett schöpft man anschließend ab, spießt die Klüten aus der Suppe auf und stippt sie in das Fett.

Notizen & weitere Rezepte:

fig. 2

Milchspeisen

In früheren Zeiten war Milch, ganz gleich ob von der Kuh, vom Schaf oder von der Ziege, Hauptternährungsfaktor. Sie wurde größtenteils verbuttert, die Butter zum Verkauf in die Stadt gebracht, und die Buttermilch, die sich beim Buttern absonderte, blieb als erfrischendes Getränk oder als Grundlage zu vielen Gerichten. Gut gekühlte Buttermilch stand den ganzen Tag für jedermann bereit. Man stippte vor oder nach jeder Mahlzeit geröstete Brotbrocken in Milch oder bestreute sie mit Zimt-Zucker.
Wen wundert es da, daß so viele Gerichte, wie Buttermilchgrütze, Buttermilchbrei, Buchweizengrütze, Buttermilchpudding, um nur einige zu nennen, den täglichen Speisezettel füllten. — Der Rest der täglichen Milch war zum Füttern der Ferkel bestimmt oder wurde zu Käse verarbeitet.

Buttermilchbrei, Rippesuppe, Boddermelkwarmbeer

3 Namen für ein Gericht. Im Emsland sagt man **Buttermilchbrei,** in Oldenburg **Ribbesuppe** und in der Heide **Boddermelkswarmbeer**

Das Gericht wird im Winter warm, im Sommer aber gut gekühlt gegessen. Meistens ißt man es als Nachtisch vom Suppenteller oder abends als vollständiges Gericht und zur Erfrischung.

1 l Buttermilch, 40 g Mehl, 4 Scheiben Pumpernickel,
2 EL Zucker 1/2 Tasse Rosinen, 1 Tasse Pflaumen

Die Rosinen und Pflaumen 2 Stunden in Wasser einweichen. Die Buttermilch unter ständigem Rühren zum Kochen bringen und das angerührte Mehl zugeben. Den Pumpernickel zerbröckeln und mit den eingeweichten, abgetropften Früchten zugeben. Kurz durchkochen und dann leicht eindicken lassen. Heiß oder abends gut gekühlt servieren.

Bottermelksuppe mit Klümp oder Kantüffels

Im Ammerland reichert man diese traditionelle Mittagssuppe mit Klößchen, um Bremen und in der Heide aber mit Kartoffelstückchen an. Dort nennt man sie **Bottermelksanballerse.** Und so wird sie zubereitet:

1 $^1/_2$ l Buttermilch, 40 g Mehl, 4 EL Wasser, 500 g Kartoffeln, Salz und Zucker, 50 g Speckwürfel
Beilage: Mettwurst, Blutwurst oder Sülze

Die Kartoffeln schälen, würfeln und gar kochen. Die Buttermilch unter Rühren zum Kochen bringen und das mit Wasser verrührte Mehl einschlagen. Die Kartoffelstücke mit dem Löffel etwas zerkleinern und in die Suppe geben. Mit Salz und Zucker leicht abschmekken. Den Speck würfeln, in einer Pfanne auslassen und beides, Fett und Grieben, über die Suppe geben. Auf einem Holzteller serviert man dazu Mettwurstscheiben, Blutwurst oder Sülze.

Wenn Sie lieber — wie im Ammerland — Klöße in der Suppe mögen, so schlagen Sie für das Rezept S. 30 auf.

Karnmelksschillgassen

Karnmelk ist im Norden Deutschlands der Name für Buttermilch, Schillgassen ist Gerstengrütze. In Jever und Umgebung aß man früher morgens um 7 Uhr dieses Karnmelksschillgassen-Gericht. Im oldenburgischen Badbergen und Ankum bekam man es abends zu Brot und Buttermilch. Es wurde aber mit Milch zubereitet.

$^1/_2$ l Wasser, 1 l Buttermilch, 250 g Gerstengrütze oder Graupen, 1 Prise Salz, 1 Stück Butter

Die Grütze waschen, vorquellen lassen und dann mit dem Wasser und etwas Milch aufsetzen und weichkochen. Immer neu Milch zugießen, bis alle Flüssigkeit verbraucht ist. Dann noch 20 Minuten weich kochen, aber ab und zu umrühren, da die Speise leicht anbrennt. Will man den Brei flüssiger haben, nimmt man entweder mehr Buttermilch oder weniger Grütze. In eine große Schüssel füllen, 1 Stich Butter in die Mitte setzen und umrühren. Mit Sirup beträufelt essen.

Karnmelk wackelt so schön im Buk

Bottermelkries auch Karnmelkries genannt

250 g Reis (Rundkornreis), $^1/_2$ l Wasser, 1 Prise Salz, 50 g Zucker, $^3/_4$ l Buttermilch

Den Reis waschen, mit dem Wasser und dem Salz aufsetzen und bei leichtem Kochen ausquellen lassen. Darauf süßen, mit Buttermilch übergießen und unter ständigem Rühren wieder zum Kochen bringen. Den Deckel schließen, von der Kochstelle nehmen und den Reis weiter quellen und auskühlen lassen. Der Reis soll süß und noch leicht suppig sein.

Reppedy

aus dem Emsland wird mit Buchweizengrütze gekocht, »Rebbedi« von der Küste mit Mehl angedickt.

1 1/2 l Milch, 200–250 g Buchweizengrütze oder Mehl, 1 Prise Salz

Die Milch zum Kochen bringen und die Grütze einstreuen. Etwa 10—15 Minuten quellen lassen und mit der Prise Salz abschmecken. Dieser Brei wurde morgens zum Frühstück oder mittags mit Specksoße, hier Schröämpiesnatt genannt, übergossen. Reste, die übrig blieben, wurden zum Erkalten beiseite gestellt. Sie wurden abends in Scheiben geschnitten, in der Pfanne gebraten und mit Stropsnatt, das ist Sirup, gegessen.

Melk mit Kladderklüden, auch Mekendusend genannt

1 1/2 l Milch sprudelnd kochen lassen. Dahinein läßt man mit einem Schaumlöffel oder einem Milchgießer folgenden dünnflüssigen Kloßteig laufen:

3 Eier, 125 g Mehl, 1/8 l Milch, 1 Prise Salz, 1 TL Zucker

Die Eier verquirlen und abwechselnd Mehl und Milch zugeben. 10 Minuten zum Quellen beiseite stellen. In der Milch 5 Minuten mitkochen lassen.
Diese Suppe gab es auf den Höfen nordwestlich von Bremen fast jeden Abend. Man aß sie vor oder nach den Bratkartoffeln mit saurem Hering, Gewürzgurken und roten Beeten. Jede Ortschaft hielt die Reihenfolge, ob **vor** dem Hauptgericht oder **danach,** unterschiedlich ein. Wenn eine junge Frau in ein anderes Dorf heiratete und die dort gebotene Reihenfolge nicht einhielt, so sagte man von ihr: »Die ißt ja verkehrt!«

Mehlpütt

nennt man das Gericht in Ostfriesland, in Oldenburg heißt es **Puffert.**

30 g Hefe, 1 TL Zucker, 4 EL Milch, 800 g Mehl, 3 Eier, $^1/_2$ l Milch, 1 EL Schmalz, 1 Prise Salz

Die Hefe wird mit Zucker und 4 EL lauwarmer Milch verrührt. Man gibt das Mehl in eine Schüssel und vermengt lauwarme Milch, Eier, Schmalz, Salz und Hefe miteinander. Der Teig muß tüchtig geschlagen werden und zum Aufgehen auf ein bemehltes Tuch oder eine Serviette gelegt werden. Wenn der Teig genügend aufgegangen ist, wird er lose mit dem Tuch unter einen Topfdeckel gebunden. In einem Topf wird Wasser zum Kochen gebracht, und darüber wird der Teig mit dem Deckel gegeben, er darf aber nicht im Wasser hängen. Langsam muß er darin $^3/_4$ Stunden kochen. Man muß achtgeben, daß das Wasser nicht verkocht. Der Teig kann auch in einer Rodonkuchenform im Wasserbad zubereitet werden.
Den Mehlpütt ißt man mit Birnenkompott, zerlassener Butter und einer Soße, zusammengerührt aus:

2 EL Butter, 2 EL Sirup, $^1/_8$ l Wasser, Essig nach Geschmack und 1 Tasse Korinthen

Man läßt sie aufkochen und bindet mit etwas Mehl ab.

Prima Festdekoration

Brautbutter

Hochzeitsfeierlichkeiten sind überall im Lande große Ereignisse. Sie dauern oft Tage und sind mit viel Brauchtum und Symbolik verbunden. So ist es auch mit dieser Brautbutter aus der Lüneburger Heide. Sie war Sinnbild für Wohlstand und Gesundheit. Es gab sogar eigens Teller aus Zinn mit einem Dorn in der Mitte dafür. Dieser Teller stand auf einem erhöhten Fuß, mitten auf dem Festtisch.
Selbstgemachte Butter wurde kegelförmig auf den Teller gesteckt und obenauf mit einem Blumenstrauß gekrönt. An zwei gegenüberliegenden Seiten wurde dann jeweils eine Scheibe senkrecht abgeschnitten. Auf die so entstandene Fläche drückte man aus Rosinen eine weibliche und eine männliche Figur, Sinnbild für Braut und

Bräutigam. Die runden Seiten trugen, aus Nelkenpfeffer gesteckt, die Namen der Brautleute.
Diese Butter wurde von den nächsten Nachbarn überreicht. Wenn die Braut gegen Mitternacht die Butter mit Brot herumreichte, so zeigte sie damit das Ende des Festes an. Fehlte die Butter, so besagte es, daß das Fest am nächst folgenden Tag weiterging.

Eierkäse

Das »Osnabrücker Kochbuch« aus dem 19. Jahrhundert gibt folgendes Rezept dazu preis:

»Koche 1 $^1/_2$ Maß Milch auf, darauf werden 18 bis 20 Eier tüchtig geklopft und mit ein wenig Salz, Zucker und weißem Pfeffer in die Milch getan. Hier läßt man sie durchkochen und gießt sie in ein Sieb, daß die Molke ablaufe. Ist der Käse nun kalt, wird er in Scheiben geschnitten, in Ei und Semmelbrösel paniert, in heißer Butter gar gebacken und mit Zimmt und Zucker bestreut.«

Käse

Die häufigste Art, restliche Milch zu verwerten, war früher das Käsemachen. Dazu ließ man die Milch (vom Schaf, von der Ziege oder von der Kuh) eindicken und erhitzte sie, so daß sich Quark und Molke trennten. Der Quark wurde zum Abtropfen in Käsebeutel gefüllt und an den sogenannten Keesbüdelstubben gehängt. Nach einigen Tagen schüttete man den trockenen Käse in eine Molle zum weiteren Trocknen. Danach wurde er mit Salz und Kümmel durchgeknetet und nach Verlauf eines Tages mit der Hand geformt. Diese handtellergroßen Käse mußten auf kleinen Hürden unter täglichem Wenden reifen. Sollten die Käse gut durchgebrannt sein, so wickelte man sie in Papier, legte sie in irdene Töpfe und stellte sie abwechselnd kalt und warm. Da die Schafsmilch am wenigsten getrunken wurde, war es natürlich, daß der größte Anteil der Käse eben Schafskäse war.

Harzer Käse

Man unterscheidet zwei Sorten Käse, einmal den »Harzer Roller« und den »Kiepenkäse«. Während der Kiepenkäse — ein Frischkäse — wegen seines milden Geschmacks von Damen bevorzugt wird, schwärmen die Männer von dem pikanten, stark riechenden Harzer Roller. Beide Sorten werden mit Schwarzbrot, Gänseschmalz, Zwiebelringen und Senf gegessen.

Unbedingt ausprobieren.

fig. 3

Klöße, Klüten, Klümpe

Angerührte Klöße »Mehlklütjes«

60 g Butter, 2 Eier, 3 EL Mehl, 1 TL gehackte Petersilie, 1 Prise Salz, Muskat

Butter und Eier schaumig rühren, mit dem Mehl abschlagen und mit Salz und den Gewürzen abschmecken. Von dem Teig Klößchen abstechen und in Brühe gar ziehen lassen. Diese Klöße sind Ersatz für Kartoffeln und werden in allen »dicken« Suppen serviert, z. B. Erbsensuppe, dicke Rindfleischsuppe, Graupensuppe u. a.

Abgerührte Klöße

Auch diese Klöße machen »dicke« oder legierte Suppen zu einer vollen Hauptmahlzeit. Man ißt sie in ganz Niedersachsen, liebt sie aber vornehmlich im nördlichen Raum.

$^1/_8$ l Milch, 1 Prise Salz, 125 g Mehl, 2 Eier, Muskat, 1 Messerspitze Backpulver

Die Milch mit dem Salz zum Kochen bringen, den Topf von der Herdplatte nehmen und das Mehl auf einmal einrühren. Wieder auf die heiße Platte setzen und den Kloß so lange abrühren, bis sich auf dem Boden des Topfes ein weißer Belag zeigt (abbrennen). Diesen Kloß in eine Porzellanschüssel geben und mit den Eiern weichrühren. In den abgekühlten Teig Muskat und Backpulver einrühren. Kleine Klößchen abstechen und in Rindfleischbrühe etwa 15 Minuten ziehen lassen. Diese Klöße bilden mit der Suppe ein vollständiges und reichhaltiges Gericht.

Griese Jongs

Das sind Buchweizenklöße, die in Norddeutschland — wie alle Klöße — eine große Rolle spielen. Klöße reichern Suppen an, sie sind Beilage zu Braten und Gemüse oder sind abends — gebraten — eine füllende Mahlzeit.

Alte Niedersachsen schwärmen davon

2 Eier, $^1/_4$ l Milch, 1 Prise Salz, etwa 200 g Buchweizenmehl – 1 $^1/_2$ l Milch, $^1/_2$ TL Salz

Die Eier mit der Milch verschlagen, mit dem Salz würzen und soviel Buchweizenmehl einrühren, daß ein dicker Rührteig entsteht. Milch und Salz aufkochen, von dem Teig Klöße abstechen und in der Milch gar ziehen lassen. Die Klöße in der Milch essen. Bleiben einige übrig, so kann man sie in der Milch wieder erwärmen oder kalt mit Sirup essen.

Zwiebackklöße

Eine Einlage für die Rindfleischsuppe, bevorzugt gegessen im Emsland.

10 Beschüte (runde Zwiebäcke), 2 Eier, 1 EL Butter, Muskat, Salz, 2 EL Brühe, 1 Messerspitze Backpulver

Das Fett mit den Eiern schaumig rühren. Die Zwiebäcke zu Bröseln mahlen und hinzugeben. Ebenso Backpulver und Salz. Soviel abgekühlte Brühe zugeben, daß ein geschmeidiger Teig entsteht. Diesen einige Zeit kühl stellen. Dann kleine Klößchen abstechen und diese in der Suppe gar ziehen lassen.

Grote Klüten oder Klump

Bei Hochzeiten in der Lüneburger Heide wurden Grote Klüten nach der Suppe zu Braten und Obst gereicht. Man aß sie vom Suppenteller.
Im übrigen Niedersachsen wurden sie sonntags zu Gemüsegerichten und Fleisch gegessen, vor allem zu der Zeit, als es noch keine Kartoffeln gab.

Schade, daß Emma sie nicht mag!

Für 6 Personen bzw. 6 Klüten:

12 alte Semmeln, $^1/_2$ l Milch, 1 TL Salz, 20 g Hefe, 125 g vorgekochte Korinthen, 40 g geschmolzene Butter, 12 Eier, Zimt und Zucker nach Geschmack

Die Semmeln in Scheiben schneiden und mit lauwarmer Milch übergießen. Die Masse beschweren, damit die Milch gut einziehen kann. Danach die Semmeln gut ausdrücken und abkühlen lassen. Die Hefe wird mit etwas Milch glatt gerührt, mit den Korinthen, der geschmolzenen, aber abgekühlten Butter unter den Teig geknetet. Dazu gibt man die verquirlten Eier (Faustregel früher: 3mal so viele Eier wie Klümpe) und schmeckt mit Zimt und Zucker ab. Von der

Masse einen kleinen Probekloß formen und in kochendes Salzwasser setzen. Zerläuft er, muß die Masse mit Mehl oder Paniermehl verknetet werden. Dann verfährt man wie folgt: 6 Kloßtücher werden durch heißes Wasser gezogen, ausgedrückt und mit Mehl eingestäubt. Dadurch löst sich der Kloß leichter beim Umstülpen. Auf jedes Tuch kommt ein Schleif Teig. Das Tuch wird zugebunden, wobei zum Aufgehen des Kloßes Platz bleiben muß. Die Bindfäden werden an einen Stock gehängt, die Klöße über Wasserdampf gehängt und so gegart. Das dauert etwa 1—1 1/2 Stunde. Danach stülpt man die Klöße aus den Tüchern in eine Schüssel, so daß die runde Seite nach oben fällt.
Dazu serviert man die althergebrachte Tunke, wie Sie sie unter »Mehlpütt« S. 25 finden.

Notizen & weitere Rezepte:

Kleine

Gerichte für zwischendurch

Stipp in de Pann

wurde zum ersten Frühstück den Emsland-Bauern gereicht.

Einige dünne Scheiben durchwachsener, geräucherter Speck, einige dicke Brotscheiben

Den Speck in der Pfanne auslassen. Diese Pfanne wurde in die Mitte des Tisches gesetzt. Jeder brockte sich von seiner Brotschnitte dicke Brocken ab, zog sie durch das heiße Fett und aß den Speck dazu. Außerdem gab es heißen Kaffee.

Krabbenbrot

Schmeckt auch Binnenländern

Krabben (Granat), ostfriesisches Schwarzbrot, Butter
Für das Rührei: 2 Eier, 4 EL Milch, etwas Salz, 30 g Butter

Für das Krabbenbrot wird ostfriesisches Schwarzbrot dick mit Butter bestrichen. Man häuft Granat zu einem Berg auf die Schnitte und gibt daneben lockeres Rührei. Als Verzierung nimmt man heute ein Zitronenachtel und ein Sträußchen Petersilie.
Für die Zubereitung des Rühreis nimmt man 2 Eier und verquirlt sie mit Milch und Salz. Man läßt die Butter in der Pfanne zergehen, gibt die verschlagenen Eier dazu und rührt so lange um, bis sie stocken.
Variante: Krönen Sie das Krabbenbrot anstelle des Rühreis mit einem Spiegelei oben auf dem Brot.

Strammer Max

1 Scheibe Landbrot bzw. Schwarzbrot, 2 EL Schinkenwürfel, 2 Spiegeleier, Schnittlauchröllchen

Das Brot buttern, darauf die Schinkenwürfel verteilen, mit 2 Spiegeleiern belegen und mit Schnittlauchröllchen überstreuen. Mit Petersilie und Gewürzgurkenscheiben garnieren.

Mudder,
gif mi'n
Budder

Möweneier

Die Zeit des Möweneieressens liegt zwischen Anfang April und Mitte Juni. Da nisten die Möwen in den Kolonien und — weil sie so zahlreich vorherrschen — ist es erlaubt, ihre Eier zu suchen. Solch ein Essen ist heutzutage wieder »in«. Auch wenn Sie im tiefsten Inland wohnen, die Bahn bringt Ihnen die frischen Eier per Expreß ins Haus.

Rechnen Sie pro Person etwa 4 Eier. Dazu Salz, Brot, Butter, Kresse und evtl. Schinken aus dem Ammerland und Krabben.

Die Eier vor dem Kochen in kaltes Wasser legen. Eier, die oben schwimmen, sind angebrütet und können weggeworfen werden. Die restlichen Eier 10 Minuten kochen lassen. Eine Silber- oder Holzschüssel mit grobem Salz dick bestreuen, die Eier hineinsetzen und so zu Tisch bringen. Dazu servieren Sie verschiedene Landbrote, Butter und reichlich duftige Kresse. Sollte Ihnen das nicht genügen, so fügen Sie hauchdünn geschnittenen Schinken hinzu und frisch gepulte Krabben.

Partyessen
am
30. Mai

fig. 5

Fleischgerichte

Rindfleisch mit Meerrettich-Rosinensoße

Rindfleisch mit Meerrettich-Rosinensoße ist im Braunschweigischen das Kernstück festlicher Mahlzeiten.

1 kg Rindfleisch zum Kochen, 2 l Wasser, 1 Bund Suppengrün, Salz, 1 Zwiebel

Das Rindfleisch in kochendes Salzwasser gleiten lassen und 1 1/2 Stunden vorkochen lassen. Danach das geputzte, gewürfelte Suppengrün und die Zwiebel zusetzen und mitkochen lassen. Das Fleisch ist nach 2 Stunden Kochzeit gar. Es wird in Scheiben geschnitten und mit der Soße (Rezept s. S. 96) übergossen. Dazu Klump und Sauerkraut servieren. Die Brühe bildet oftmals den Auftakt zu den Festmahlzeiten, häufig aber spart man sie auf, damit sie Grundlage zu den Suppeneintöpfen für die folgende Woche werden kann.

Pökelfleisch

ist heute eine ostfriesische Spezialität, früher war sie in ganz Niedersachsen als Sonntagskost beliebt. Noch Mitte bis Ende des vorigen Jahrhunderts pökelte man ein geschlachtetes Rind fast vollständig ein. Es wurde in große Pökelfässer gelegt, vom Metzger sachgerecht eingesalzen, und das Faß wurde von ihm verschlossen. Wollte man Fleisch aus dem Faß kochen, so schlug der Metzger das Faß los, händigte das Fleischstück aus, schaute nach der Qualität des übrigen Fleisches und versiegelte das Faß erneut. Mit den neuen Konservierungstechniken verschwand diese Art, Fleisch haltbar zu machen, weitgehend.

1 1/2 kg gepökelte Rinderbrust (beim Metzger pökeln lassen), 3 l Wasser, 4 Lorbeerblätter, 4 Nelken, 1 Zwiebel, 1 Stück Sellerie

Das Fleisch in ungesalzenes, kochendes Wasser legen und mit den Lorbeerblättern und den Nelken, dem Sellerie und der Zwiebel langsam 2 1/2—3 Stunden kochen lassen.
Das Fleisch in Scheiben schneiden und mit frisch geriebenem Meerrettich oder mit Meerrettich-Rosinensoße (s. S. 96) und roten Beeten zu Salzkartoffeln servieren.
Der Rest kann kalt aufgeschnitten mit Landbrot und Salat ein leckeres Abendessen abgeben.

Schälrippenbraten

wird in Hildesheim zu einem Festessen. Die Füllung kennt man seit Ende des 18. Jahrhunderts. Schon damals versuchte man, dem gewöhnlichen Schweinebraten eine besondere Geschmacksrichtung zu geben.

Rosinen vorquellen lassen

1 großes Stück Schälrippen, Äpfel, Rosinen, Zucker, Ingwer, abgeriebene Schale von 1/2 Zitrone, 40 g Schmalz zum Anbraten, Salz, Pfeffer, 1 Zwiebel, 1 Lorbeerblatt, etwas Dillsamen, Mehl zum Andicken der Soße

Vom Metzger eine Tasche in das Fleisch schneiden lassen. Von außen und innen salzen und pfeffern. Die Apfelmenge richtet sich nach der Größe der Rippe bzw. Tasche, deshalb sei hier auf eine exakte Mengenangabe verzichtet. Die Äpfel schälen, fein schnippeln und mit ein paar Rosinen, mit Zucker, Ingwerpulver und abgeriebener Zitronenschale mischen. In die Tasche füllen, zunähen und von beiden Seiten rundum anbraten. Eine gewürfelte Zwiebel mitschmoren lassen. Den Bratensatz mit etwas Wasser ablöschen, Lorbeerblatt und Dillsamen zugeben und unter häufigem Begießen garen. Den Braten aus dem Topf nehmen, die Soße mit etwas Mehl leicht eindicken.
Zu Schälrippenbraten ißt man in Hildesheim Speck-Kartoffelsalat (s. S. 83).

Hackelmus

Dieses Originalrezept stammt aus dem »Osnabrücker Kochbuch« aus dem 19. Jahrhundert.
»Bei Hochzeiten im Hannoverschen war das Hackelmus ein ständiges Gericht; die Zubereitung ist folgende: Ein Kalbskopf wird gekocht, das Fleisch wird gelöst und in Stücke geschnitten. Ebenso werden Herz, Leber und Lunge gekocht und in Würfel geschnitten. An die Fleischbrühe wird etwas Mehl geschwitzt, etwas Essig zugetan und durch Syrup versüßt, endlich kommen noch Salz, Pfeffer und Rosinen in die Sauce. Diese wird mit dem zerschnittenen Fleisch nochmals aufgekocht und angerichtet.«

Heidschnucken

Heidschnucken sind eine besondere Schafsrasse, wie man sie heute noch in der Lüneburger Heide findet. Die Tiere sind klein, zäh und genügsam und waren früher fast die einzige Erwerbs- und Nährquelle der Heidebauern. Noch um 1800 hatte jeder Heidjer wenigstens eine große Herde von 300—400 Tieren, wenn nicht sogar mehrere. Die Schäfer waren auf dem Heidehof fest angestellt. Sie führten die Herde morgens in die Heide und kamen abends wieder zurück. Durch das ständige »Verbeißen« der Heide, bleibt diese kurz und gesund, die Heidschnucken aber haben durch das Fressen der würzigen Kräuter und Gräser ein besonders aromatisches Fleisch. Heidschnuckenbraten, früher fast das einzige frische Fleisch für die Heidjer, ist heute immer noch sehr begehrt und beliebt. Auf großen Höfen werden sogar einige Schafe mit Korn und Eicheln extra fett gemacht, damit sie zu Beginn der Erntezeit geschlachtet werden können. Man macht nicht nur Würste daraus, man pökelt und räuchert auch die Keulen zu dem bekannten Nagelholz. Schafsschinken muß holzhart sein, wenn er gegessen wird. Man hobelt ihn wie Holzspäne und legt ihn auf gebuttertes Schwarzbrot. Er ist eine Delikatesse. Das Kleinfleisch, das beim Schlachten abfällt, wird zu Ragout gekocht und mittags als willkommene Abwechslung in dem eintönigen täglichen Speisezettel begrüßt.
An Sonntagen aber gibt es die herrliche Hammelkeule von dem frischen, bzw. leicht gepökelten Fleisch.
Hier die Rezepte:

Mache ich bestimmt nach

Schnucken-Keule

1 Schnuckenkeule von ca. 2 kg, Salz, Pfeffer, Thymian, Rosmarin, 60 g Talg oder Butter, 1 Becher saure Sahne

Die Keule salzen, mit Pfeffer einreiben und mit Thymian und Rosmarin würzen. In Fett rundum schön braun anbraten. Den Bratensatz mit wenig Wasser ablöschen. Den Topf in den vorgeheizten Ofen schieben und bei 250° etwa 50—60 Minuten backen. Häufig begießen, und wenn der Bratensatz zu stark einkocht, ihn mit etwas Wasser wieder loskochen. Die saure Sahne verschlagen,

über die Keule gießen und diese noch einmal für 10 Minuten überbacken. Das Fleisch schmeckt am besten, wenn es außen schön knusprig und innen noch leicht rosa ist.
Dazu Butterböhnchen und Salz- oder Bratkartoffeln reichen.

Schnuckenragout

750 g Ragoutfleisch, 60 g Butter, 2 Lorbeerblätter, 5 Wacholderbeeren, 1 Messerspitze Thymian, 1 Tomate, 1 Möhre, 1 Zwiebel, Salz, Pfeffer, 2 EL Mehl, etwas Wasser zum Binden der Soße

Das Fleisch in Butter rundum braun anbraten. Inzwischen die Möhre und Zwiebel putzen und würfeln. Das Fleisch würzen, das Gemüse zugeben, kurz mit durchbraten und mit Wasser ablöschen. Lorbeerblätter, Wacholderbeeren, Thymian und die abgezogene Tomate zugeben. Bei geschlossenem Topf 1 Stunde schmoren lassen. Das Ragout mit Mehl abbinden und noch einmal pikant abschmecken.

Morgen frisch
einkaufen

Notizen & weitere Rezepte:

Schenier di nich,
lang driest man to,
putz glieks man twee,
dree weg.
Un'n goden Köm
man achterup –
denn kummt de Sak
all trech.
(Fritz Binder)

So zu lesen
in Bad Zwischenahn

Notizen & weitere Rezepte:

fig. 6

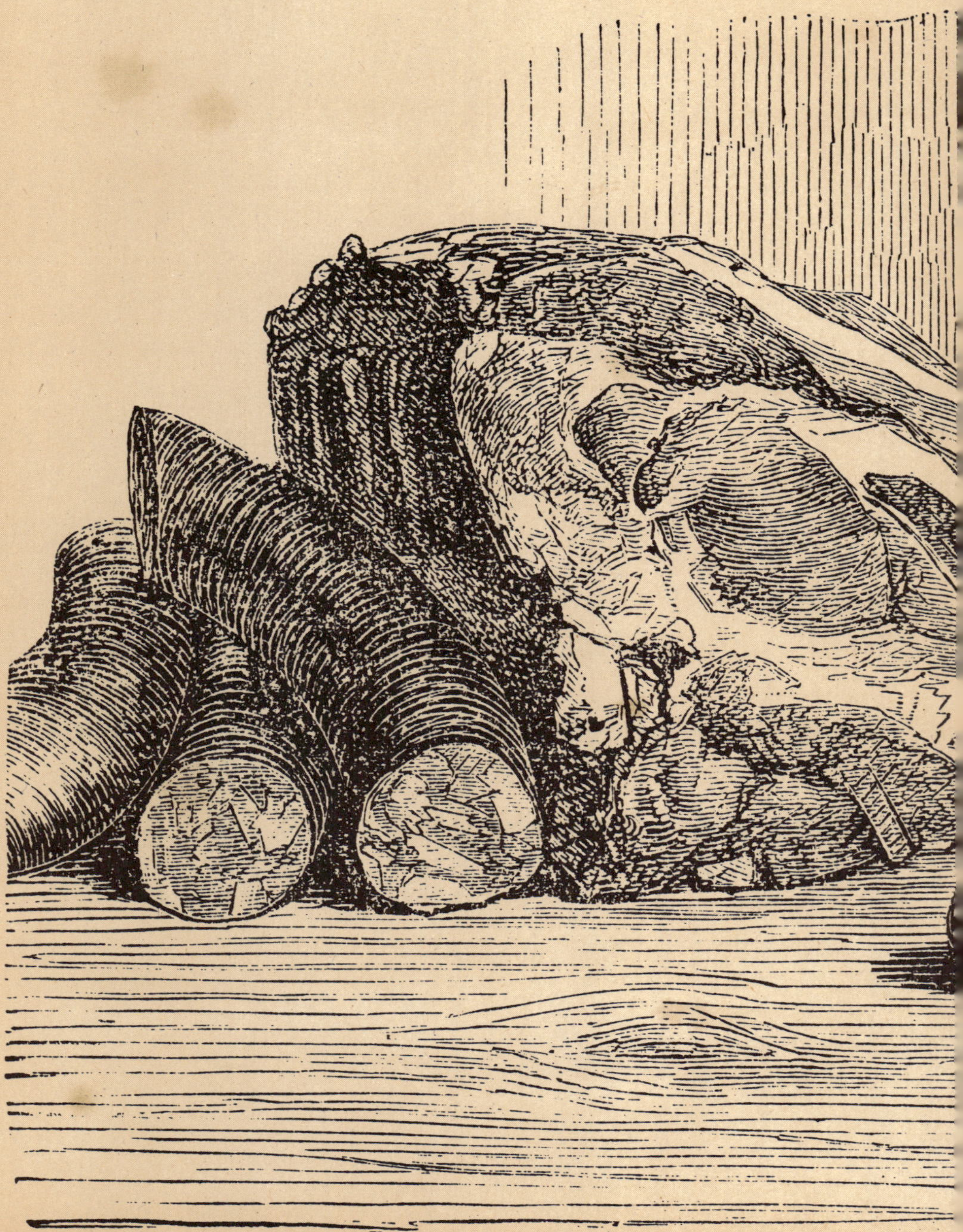

Hausschlachtung

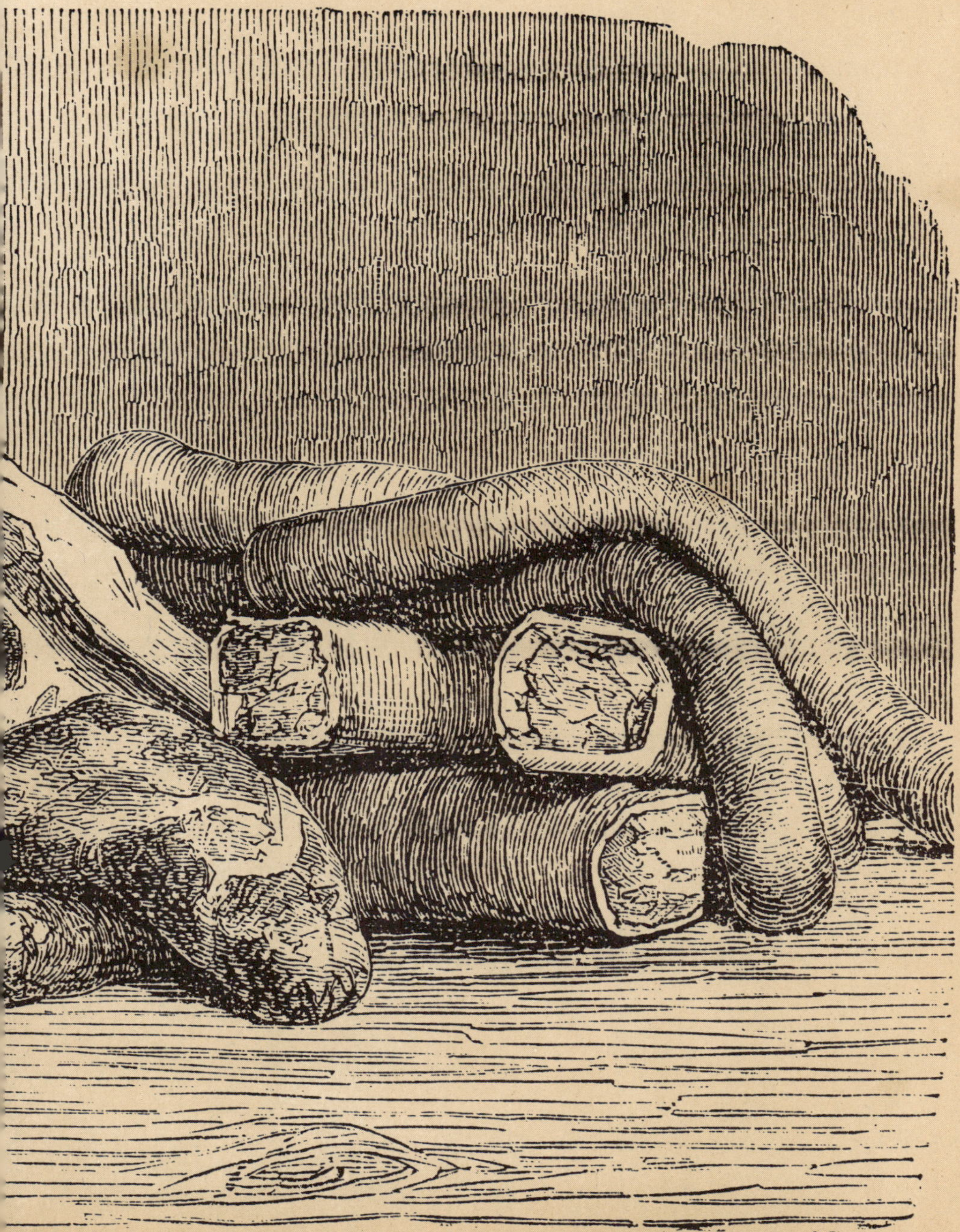

Das Schlachten war früher immer ein bedeutendes Ereignis im Jahresablauf des Haushalts. Man freute sich, nach langer Zeit endlich wieder frisches Fleisch zu bekommen. Die Würste niedersächsischer Küchen sind von jeher berühmt. Man liebte aber auch und vor allem die Geselligkeit, die sich an die so anstrengende Arbeit dieses Tages anschloß. Alle, die geholfen hatten, Nachbarn und Verwandte, setzten sich zu einem »Schwarzsauer« oder zum »Wossoppen-Essen« zusammen. Häufig machte bei diesen deftigen Gerichten eine Branntweinkaltschale vorweg die Runde. Daß es außerdem nicht an Korn und Bier fehlte, um die fetten Speisen zu vertragen, versteht sich. Zum Abschluß des Festes und zum Dank für die Hilfe bekam jeder eine Wurst, ein Stück Braten und manchmal auch noch Wurstbrühe mit nach Hause.

Süht ut as de Düwel, ober smeckt as de Blitz

Blutsuppe oder Schwarzsauer

Auf 1 l Brühe: 1/4 l Blut, Fleischreste vom Schwein (Knochenfleisch, Nieren, Herz usw.), 2 Zwiebeln, 1 Stange Porree, Pfeffer, Salz, 2 Lorbeerblätter, 2 Nelken, 1 Schuß Essig, 1 Prise Zucker

Das Fleisch mit den Gewürzen und dem geputzten Gemüse gar kochen. Das Fleisch von den Knochen absuchen und kleinschneiden. Das Blut mit dem Essig verrühren und soviel davon in die Suppe laufen lassen, bis sie stockt. Mit Zucker süß-säuerlich abschmecken.
Hat man kein Blut, so dickt man mit Mehl ein und nennt die Suppe »Weißsauer«.
In beide Suppen gibt man Klütjes oder Griese Jongs.
Brot dazu reichen.

Wossoppen-Essen

Man aß in folgender Reihenfolge:

1. Wurstsuppe, das ist die Suppe, in der die Würste gekocht haben, und die desto besser ist, je mehr Würste geplatzt sind. Sie wird mit Mettklößchen und Griese Jongs angereichert, oftmals auch mit Backobst.
2. Sauerkohl mit Steeke (Rezept s. S. 78)
   oder
   Pannenslag
3. Korn und Bier »lütje Lage«

Slachten is kein Smachten

Je mehr Fleisch – desto besser der „Slag"

Pannenslag

Er wird aus der Wurstbrühe und dem vom Schlachten übriggebliebenen Fleisch hergestellt.

2 l Brühe, 4 Zwiebeln, Pfeffer, Salz, Majoran und Piment nach Geschmack, Fleisch wie: Kopf, Herz, Hirn, Knochenfleisch u. a., 250 g Grütze

Die Grütze mit etwas heißer Brühe übergießen und quellen lassen. Das muß einige Male geschehen. Wenn die Grütze zu $^3/_4$ auf diese Weise ausgequollen ist, wird sie mit den Gewürzen und dem kleingeschnittenen Fleisch aufgekocht. Gut durchkochen lassen, aber Vorsicht! Der Brei brennt leicht an. Von dem Brei gibt man einen »Schlag« voll in die Pfanne und brät ihn da schön braun an. Wenn Sie wollen, können Sie noch zusätzlich Zwiebeln mitbraten. Reste, die übrigbleiben, füllt man in kalt ausgespülte Schüsseln und brät sie am anderen Tag.
Dieser Brei, aus Restfleisch vom Rind hergestellt, ist die sogenannte

Lose Rinderwurst.

Sie wird genau wie Pannenslag hergestellt und auch so zubereitet.

Grützwurst

2 l Brühe, 1 kg Graupen, Restefleisch vom Schwein, 750 g Leber, 500 g Schwarten, Salz, Pfeffer, 1 Prise Nelkenpfeffer

Die Graupen in der Brühe ausquellen lassen. Die Leber kochen und mit dem gekochten Fleisch und den Schwarten durch den Fleischwolf drehen. Mit den Gewürzen in die Grütze rühren. In Wurstdärme stopfen und 60 Minuten in Brühe ziehen lassen. Leicht anräuchern.
Dazu ißt man im Oldenburgischen »Punkebrot«, in der Lüneburger Heide »Beutelwurst« (Rezept s. S. 51).

Pinkel-därme gut waschen und wässern

Pinkelwurst

500 g Nierenfett, 500 g durchwachsener, frischer Speck, 1 kg Hafergrütze, 4 Zwiebeln, Pfeffer, Salz, Nelkenpfeffer

Nierenfett und Speck werden in feine Würfel geschnitten, mit der Grütze und den kleingehackten Zwiebeln vermengt, abgeschmeckt und in Pinkeldärme, das ist der Mastdarm des Rindes, gefüllt. Die Därme nur $^3/_4$ füllen, damit Platz zum Ausquellen der Grütze bleibt. Vorkochen, dann räuchern und später in Braunkohl mitkochen.

Brägenwurst

Diese Wurst hat ihren Namen vom Hirn, das man im südlichen Niedersachsen Brägen nennt.

1 Schweinehirn, 1 kg nicht zu fettes Schweinefleisch, 1 kg Schwarten, 500 g gekochte Zwiebeln, Salz, Pfeffer, Nelkenpfeffer

Gewässertes Hirn, Fleisch, Schwarten und Zwiebeln durch den Fleischwolf drehen, stark würzen. In Därme füllen, zu nicht allzu großen Ringen binden und in Wurstbrühe kochen. Zum Trocknen aufhängen. Im Braunkohl mitkochen.

Semmelwurst

Schweinekopffleisch und Schwänzchen, 1 große Zwiebel, 1 Stange Porree, 10 Gewürzkörner, Pfeffer, Salz, 1 l Blut, 20–25 Brötchen, Majoran, Kardamom, gemahlene Nelken

Das Fleisch wird mit den Gewürzen und mit Wasser ungefähr 1 Stunde lang gekocht. Dann wird das Fleisch herausgenommen und die Brühe durchgesiebt. Mit dieser Brühe die Brötchen einweichen, aber nicht zu weich werden lassen. Durch den Wolf drehen. Das Fleisch von den Knochen ablösen und auch durch den Wolf drehen. Fleisch und Brötchen mit 1 l Blut, Salz, Pfeffer, Kardamom, Majoran und gemahlenen Nelken vermengen und (halbvoll) in Einkochgläser oder Därme füllen. 1 $^1/_2$ Stunden lang kochen. Die Semmelwurst kann frisch gebraten werden, oder man ißt sie sofort nach dem Kochen.

Knipp

Als Knipp bezeichnet man eine etwas weichere Grützwurst (s. S. 49), die, in Naturdärme gefüllt, leicht geräuchert wird, um dann in der Pfanne gebraten zu werden. Knipp muß auch beim Braten leicht breiig bleiben, trotzdem aber Krüstchen bilden.
Mit »Büdelwurst« und Bratkartoffeln oder Kartoffelsalat essen.

Hut gift en Pann vull Büdelwust

Beutelwurst

5 l frisches Blut, 1 $^1/_2$ kg geschrotetes Roggenmehl, 500 g Speckwürfel, Pfeffer, Nagelpfeffer, Salz, Kumin, Piment

Die Zutaten kalt anrühren, pikant würzen, in Leinenbeutel füllen und im Wurstkessel etwa 2 Stunden kochen. Sie sind gar, wenn man in die Beutel sticht und kein Blut mehr austritt.
Häufig wird Büdelwurst noch leicht geräuchert. Man brät sie, in Scheiben geschnitten, in der Pfanne und ißt sie mit »Knipp«.

Kopfwurst

ist eine der köstlichsten Wurstsorten der Lüneburger Heide. Sie hat den Namen von den Zutaten, dem Rinderkopffleisch.

2 kg Rinderkopf, 2 l Brühe, 500 g Hafergrütze, 2 Zwiebeln, Salz, grob gemahlener Pfeffer

Den Rinderkopf und die Zwiebeln in der Brühe weich kochen. Das Fleisch und die Zwiebeln durch den Fleischwolf drehen. In $^3/_4$ l der Brühe die Grütze ausquellen lassen, das Fleisch zugeben und pikant abschmecken. In Rinderdärme füllen und 75 Minuten kochen lassen.
Die Wurst wird in der Heide kalt zu Kartoffelsalat gegessen oder in Wasser erhitzt zu Salzkartoffeln und grünem Salat.

Notizen & weitere Rezepte:

Notizen & weitere Rezepte:

fig · 7

Wild- und Geflügelrezepte

Frischlingsrücken

Der Hümmling, eines der größten und ältesten Jagdgebiete Niedersachsens, ist auch heute noch das Eldorado für Jäger. So ist es auch nicht verwunderlich, daß man allenthalben auf den Speisekarten eine reiche Auswahl an Wildgerichten findet. Frischlingskeulen und -rücken gehören zu den bevorzugten, denn Frischlinge sind ganz junge Wildschweine. Ihr Fleisch ist besonders zart und aromatisch. Älteres Wildschweinfleisch muß wegen des strengen Geschmacks 3 Tage in Buttermilch eingelegt werden. Bei den Frischlingen ist das nicht nötig.

1 Frischlingsrücken, Salz, Pfeffer, 2 Lorbeerblätter, 2 Zwiebeln, 3 Nelken, 60 g Butter, 1 Becher saure Sahne, 1 Glas Rotwein, 1–2 EL Preiselbeerkompott

Den Rücken salzen und mit Pfeffer einreiben. In einem ovalen Bräter in der Butter braun anbraten, mit Wasser ablöschen und aufkochen lassen. Die Gewürze und Zwiebeln zugeben, in den Backofen setzen und unter fleißigem Begießen garen. Die letzten 10 Minuten übergießt man ihn mit verschlagener saurer Sahne, so daß er eine saftige Kruste bekommt. Den Rücken etwas auskühlen lassen, die Filets aus dem Grat lösen, in Scheiben schneiden, wieder in den Grat setzen und warm stellen. Die Soße mit etwas Rotwein loskochen und gut durchschlagen. Nicht mit Mehl binden, evtl. aber saure Sahne zugeben. Mit etwas Preiselbeerkompott oder Kirschmarmelade leicht süß abschmecken.
Den Rücken auf eine festliche Platte legen, leicht mit Soße begießen und mit warmen Birnen und geschmorten Pfifferlingen umlegen. Dazu ißt man Kronsbeeren, das sind Preiselbeeren.

Harzburger Wildschweinragout

Im Harz werden die Wildschweinkeulen gern gepökelt und geräuchert. Der Schinken wird als Aufschnitt zu Schmalzbroten gereicht. Das Kleinfleisch aber weiß man hier zu einem herrlichen Ragout zu verwerten.

750 g Ragoutfleisch, 250 g Mettgut (das ist Thüringer Mett mit Kümmel), 80 g geräucherter Speck, 40 g Schmalz, 500 g Waldpilze, 2 Zwiebeln, Salz, Pfeffer, Kümmel, 1/2 l Brühe zum Eindicken der Soße: etwas Honigkuchen oder Zwiebackbrösel.

Das Ragout eine Nacht in Buttermilch legen. Am anderen Tag abtrocknen. Das Mettgut zu kleinen Klößchen formen. Den Speck in dünne Scheiben schneiden. Die Pilze putzen und waschen. Die Zwiebeln häuten und würfeln. Schmalz und Speckscheiben auslassen. Das Ragout und die Klöße schön braun darin anbraten. Pilze und Zwiebelwürfel kurz mit anschmoren, Salz, Pfeffer und Kümmel zugeben und mit Brühe oder Wasser ablöschen. Bei geschlossenem Deckel etwa 1 Stunde schmoren lassen. Die Soße nach Altväter Sitte mit Honigkuchenbrösel andicken. Dazu reicht man Salzkartoffeln und Brombeermus.

Rehkeule

1 Rehkeule, 100 g fetter Speck – in Scheiben geschnitten, 40 g Schmalz, Salz, Pfeffer, 1 Zwiebel, 5 Wacholderbeeren

Die Rehkeule mit Salz und Pfeffer einreiben und in dem Schmalz anbraten. Die Zwiebel derweil in Scheiben schneiden und zum Schluß anbraten. Ablöschen, die Speckscheiben auf die Keule legen, so daß sie ganz abgedeckt ist. Das bezweckt, daß das Fleisch nicht austrocknet. In den Backofen schieben und bei 250° etwa $1\,^1/_2$ Stunde braten. Den Bratfond mit etwas Mehl binden oder klar zu der Keule reichen.
Apfelkompott, Kronsbeeren und Kartoffelkroketten (früher Klöße) schmecken gut dazu.

Hirschragout

60 g Schmalz, 100 g geräucherte Schinkenscheiben, 750 g Hirschragout, Salz, Pfeffer, 1 Lorbeerblatt, 1 Zwiebel, 1 Tomate, 1 Möhre, $^1/_2$ l Brühe, $^1/_2$ Becher Sahne, 1 EL Mehl, 1 TL Pflaumenmus

Das Ragout in Schmalz und mit den Schinkenscheiben anbraten. Das Gemüse putzen, würfeln und mit anbraten. Salzen und pfeffern und mit der Brühe ablöschen. 1 bis $1\,^1/_2$ Stunden weich kochen lassen. Die Sahne mit dem Mehl verrühren und die Soße damit binden. Das Ragout bekommt durch das Pflaumenmus eine süßlich-herbe Note.
Zu Bratkartoffeln und grünem Salat reichen.

Nicht vergessen: am 13.11. ist Jagd bei Jan.

Hasenbraten

Hasenbraten war im früheren Niedersachsen eines der beliebtesten Weihnachtsgerichte.

Dr. Werner Flechsig vom Braunschweigischen Landesmuseum legte seine Gedanken dazu in der Zeitschrift »Braunschweigische Heimat« von 1963/64 in dem Aufsatz »Glaube und Brauch der ›Zwölften‹ in Ostfalen« wie folgt nieder:

»Ist diese Vorliebe für Hasenbraten so jungen Ursprungs wie die Wiedererlangung des Jagdrechtes durch die Bauern im 19. Jahrhundert? Ich glaube nicht. Zwar konnten die Bauern viele Jahrhunderte hindurch, so lange die Ausübung der Jagd ein Vorrecht des Landesherrn und der Grundherren war, nicht in aller Öffentlichkeit vor Weihnachten gemeinsame Treibjagden veranstalten, um des begehrten Hasenfleisches teilhaftig zu werden, aber sie haben es wohl immer verstanden, heimlich die Langohren in Schlingen zu fangen und geräuschlos zu erlegen, wenn diese im Spätherbst und Winter zu den Hausgärten kamen, um sich am Kohl gütlich zu tun. Wo kein Kläger war, da war auch kein Richter, und so kamen auch die Entrechteten zu der weihnachtlichen Jagdbeute, die ihren Vorfahren in germanischer Frühzeit noch unverwehrt gewesen war. Es war sicherlich nicht nur reine Jagdleidenschaft oder die Sorge um eine Bereicherung der Festtafel schlechthin, die sie dazu trieb, den Hasen gerade vor Weihnachten nachzustellen. Der Hase galt als ein mit mancherlei magischen Kräften begabtes Tier, wie seine symbolische Darstellung in der bildenden Kunst des Mittelalters (so auch dem Jagdfries an der Stiftskriche in Königslutter!) und seine Stellung in Sage und Märchen erkennen lassen. Er war unseren Vorfahren ähnlich wie Hahn und Fisch-Rogener ein Sinnbild der Fruchtbarkeit, und wer Hasenfleisch genoß, wurde nach altem Analogieglauben jener magischen Kräfte teilhaftig. So gehört der weihnachtliche Hasenbraten zweifellos zu den vorchristlichen Kultspeisen wie der Schweinebraten.«

1 küchenfertiger Hase, 1 Zwiebel, 100 g geräucherter Speck, 40 g Schmalz, 1/8 l saure Sahne, Salz, Pfeffer, 8 Wacholderbeeren, 1 Lorbeerblatt

Den Hasen von innen und außen salzen und pfeffern. Schmalz im Topf zerlassen, den Hasen darin anbraten. Kurz vor dem Ablöschen des Bratensatzes die gewürfelte Zwiebel und den gewürfelten Speck mitbraten lassen. Ablöschen, das Lorbeerblatt und die Wacholder-

beeren zugeben, den Topf schließen und garen. Häufig begießen, damit das Fleisch nicht austrocknet. Die letzten 10 Minuten die saure Sahne darübergießen. Die Soße nicht andicken.
Hasenbraten aß man früher mit Klößen und Kronsbeeren. Servieren Sie ihn außerdem mit Apfelmus und geschmorten Pilzen.

Gänsebraten mit Mehlklößen

Gänsebraten ist nicht nur ein exklusives Sonntagsessen, es ist immer **das** Weihnachtsessen gewesen. Die Göttinger verstehen sich besonders gut darauf, Gänse lecker zuzubereiten. Das Rezept zu den angerührten Mehlklößen steht auf S. 30.

1 küchenfertige Gans, 250 g Backobst (Äpfel, Pflaumen, Birnen), Ingwer, 1/2 Zitronenschale, Salz, Pfeffer, 1 Zwiebel, 1 EL Paniermehl, 1 Tasse Wasser (Backobst), 1 Becher Sahne

Das Backobst eine Nacht einweichen.
Die Gans ausnehmen. Herz, Leber und Magen der Gans ganz fein hacken. Das Backobst abgießen, das Wasser auffangen. Das Obst in kleine Stücke schneiden und zu den Innereien geben. Ebenso mischt man die feingehackte Zitronenschale, 1 Messerspitze Ingwerpulver und etwas Paniermehl unter die Masse. Die Gans innen und außen mit Salz und Pfeffer einreiben, füllen und zunähen. Der Braten wird ohne Fett, mit etwas Wasser, in eine Kasserolle gelegt, in den vorgeheizten Backofen geschoben und gebraten. Häufig begießen. Das Fett, das ausbrät, hin und wieder abschöpfen, dafür wieder Wasser zugießen.
Kurz vor Beendigung der Bratzeit übergießen Sie die Gans mit etwas Sahne und lassen diese noch einmal bräunen. Den Rest der Sahne in den Bratfond rühren. Die Gans zerteilen, auf eine Platte legen, die Füllung dazwischen verteilen. Die Mehlklöße in eine Schüssel geben und mit der Soße übergießen.
Übrigens: Wenn Sie sich die Mühe des Zerkleinerns des Backobsts ersparen wollen, so ist das durchaus legitim. Die Göttinger allerdings essen die Füllung lieber breiig.
Tip: Füllen Sie das Fett in kleine Steintöpfe und stellen Sie es kühl. Es schmeckt herrlich auf dunklem Brot!

Ne chut chebratene
Chöttinger Chans is
eine chane Chabe Chottes.

Bremer Kükenragout

Dieses Gericht hat seinen Namen von den Bremer Stubenküken, dieser zarten, milden Hühnerrasse, erhalten. Das Ragout wird seit etwa 200 Jahren rund um Bremen an Festtagen gegessen. Den Namen Ragout hat es nicht — wie häufig fälschlich behauptet — daher, daß man das Kükenfleisch in Würfel schneidet. Die Küken werden nur halbiert, das Ragout aber ist die Soße, die mit Zunge, Midder, Saucissen, Krabben u. a. angereichert und über die Küken gegeben wird.

2–4 Stubenküken, Salz, Pfeffer, einige Speckscheiben, 2 Zwiebeln, 40 g Butter, 40 g Mehl, $^{1}/_{8}$ l Brühe, $^{1}/_{8}$ l Weißwein, etwas Zitronensaft, $^{1}/_{8}$ l Sahne, 1 Messerspitze gemahlene Nelken, 1 Kalbszunge, einige Saucissen (Rezept s. S. 61), 250 g Muscheln – gekocht und gepult, 250 g Kalbsmilch (Zubereitung s. S. 61), 50 g Trüffeln, 250 g Spargelspitzen, 100 g Krebsschwänze, 250 g frische Champignons, abgerührte Klöße (s. S. 30)

Die Küken salzen, pfeffern und mit einigen Speckscheiben umwickeln. Im eigenen Fett mit den Zwiebeln schmoren, dazu nur $^{1}/_{2}$ Tasse Wasser angießen.
Während der Zeit das Mehl in der Butter anschwitzen, mit Brühe ablöschen und mit Weißwein, Zitronensaft und Sahne verfeinern. Gut würzen. In diese Soße gibt man folgende Zutaten und läßt sie darin noch einmal 15 Minuten leise kochen: die gekochte und abgezogene Zunge in dünne Scheiben schneiden, ebenso die Kalbsmilch. Die Muscheln und Krebsschwänze und Saucissen einlegen. Die Champignons putzen und mitkochen lassen. Zum Schluß die gekochten Spargelspitzen, die Klöße und Trüffeln zugeben und warm stellen.
Die gebratenen Küken der Länge nach zerteilen und mit dem Ragout übergießen.
Dazu gibt es »nur« Gurkensalat, in Sahnesoße angerichtet.

Wenn Sie keine Kalbsmilch haben – fehlen lassen!

Saucissen

Originalrezept aus Betty Gleims »Bremisches Kochbuch« von 1817

»Man nimmt $^{3}/_{4}$ Pfd. Mett (das Magere vom Schweinefleisch) und $^{1}/_{4}$ Pfd. Speck, reinigt es von Adern, Sehnen und Haut, zerschneidet es in kleine Stücke und zerhackt es, nachdem man vorher gehörig Salz darüber gestreut hat. Dann gibt man zerstoßenen schwarzen Pfeffer, Nelkenpulver und Muskatblüte und gestoßene Nelke zu. Danach Schafsdärme reinigen, auf eine Saucissenspritze ziehen und die Masse hineindrücken. In Fingerlänge abdrehen, so daß kleine Würstchen entstehen. In Suppe kochen, erkalten lassen, an dem Ende abschneiden, Saucissen im Ragout $^{1}/_{4}$ Stunde mitkochen lassen.«
Saucissen entsprechen ungefähr den heutigen Cocktailwürstchen.

Midder (Kalbsmilch)

Die Kalbsmilch eine halbe Stunde in Wasser legen, abwaschen, mit kaltem Wasser aufsetzen, abschäumen und aufkochen. Danach in kaltes Wasser legen und erkalten lassen. Haut von den länglichen Teilen abziehen, die viereckigen belassen, sonst fallen sie auseinander. Röhren auslösen. Midder durchschneiden. Im Ragout $^{1}/_{2}$ Stunde mitkochen.

fig. 8

Fische und Schalentiere

Heringe

Neben der Hochseefischerei, die von jeher eine der größten Erwerbsquellen der Küstenbewohner war, spielt der Heringsfang eine entscheidende Rolle. Er ist allerdings auf die Zeit von Mai bis Dezember beschränkt, dann nämlich, wenn die Heringe in großen Scharen in die seichten Gewässer der Nordsee strömen, um zu laichen. Der Heringsfang wurde bis 1970 etwa von den kleineren Schiffen, den Loggern, betrieben. Ihre wichtigsten Anlaufhäfen waren Emden, Leer, Bremen-Vegesack und Glückstadt in Schleswig-Holstein. Aus wirtschaftlichen Gründen haben die Trawler den Loggern den Rang ablaufen können. Sie fangen nicht nur mit Treibnetzen, sondern auch mit Grundschleppnetzen und heben so einen größeren »Silbersegen« aus dem Meer. An Bord des Schiffes werden die Heringe sofort gekehlt, gesalzen und in Fässer, Kantjes genannt, eingelegt. Ist die Kapazität eines Schiffes ausgelastet, so geht es heimwärts. Die Heringe werden sortiert, als »grüne Heringe« oder als Salzheringe auf den Markt gebracht. Andere wiederum werden in den umliegenden Fischverwertungsbetrieben konserviert.

In früheren Zeiten spielten für die Ernährung der niedersächsischen Bevölkerung die Salzheringe eine sehr bedeutende Rolle. Da es außer dem Pökeln und Räuchern keine andere Möglichkeit des Fleischkonservierens gab, waren die Salzheringe also eine willkommene und preiswerte Bereicherung. Sie wurden zu Pellkartoffeln und Stippelse fast täglich gegessen. Aus der Südheide wissen wir, daß sie in gewässertem Zustand auf einen dünnen Stock geriehen und dann in den Wiemen zum Räuchern gehängt wurden. Häufig gab man auch den Schäfern Heringe mit, die er dann nach alter Sitte 1—2 Tage an einer bestimmten Birke zum Auslaugen aufhängte, bevor er sie aß. In der Feldmark Suderburg standen bis vor einigen Jahren noch solche Heringsbäume als Erinnerung an die alte Hirtenherrlichkeit.

Sauer eingelegte Heringe

10 Salzheringe, 1/2 l Essig, 1/2 l Wasser, 1-2 EL Zucker, 3 Zwiebeln, 6 Pfefferkörner, 3 Lorbeerblätter, 6 Senfkörner

Heringe ißt Jan so gern!

Die Salzheringe werden 24 Stunden gewässert und dann ausgenommen. Man entfernt die innere schwarze Haut, die Augen und die Gräten. Die Heringe werden nun noch mehrmals gewaschen, bevor man sie in einen Steintopf legt. Am besten macht man es so, daß man immer im Wechsel die Heringe und die Gewürze und die Zwiebelringe schichtet. Essig, Zucker und das Wasser werden aufgekocht und abgekühlt über die Heringe gegeben.
Eingelegte Heringe ißt man gern am Abend zu Bratkartoffeln.

Hering mit grünen Bohnen und Specktunke

4 Salzheringe, 2 Zwiebeln, 500 g frische grüne Bohnen, etwas Bohnenkraut, Salzwasser, Butter, Pellkartoffeln, 200 g durchwachsener Speck

1. Die Heringe eine Nacht lang wässern, ausnehmen und zum Servieren auf eine Platte legen. Mit Zwiebelringen garnieren.
2. Die Bohnen abfädeln, in Salzwasser, mit etwas Bohnenkraut, gar kochen, abgießen und in heißer Butter schwenken.
3. Kartoffeln in der Schale kochen und als Pellkartoffeln zu Tisch geben.
4. Den Speck würfeln, in der Pfanne auslassen und für die Kartoffeln mit der Pfanne auf den Tisch setzen. Die gepellten Kartoffeln werden da hineingestippt (s. auch Stippelse S. 96)

Bückelfisch

ist eine Spezialität aus Oldenburg und Westerstede.

6 Salzheringe, etwas Öl

Betty Gleim sagte: »Zur Vorbereitung die Heringe eine Nacht in den Wind hängen.« Wie wäre es denn mit wässern und trocken tupfen. Am anderen Tag mit Öl einpinseln und auf offenem Feuer (Holzkohlengrill, Räucherkammer) braten.
Dazu sauren Kohl oder Schnittbohnen reichen.

Ein herrliches Sommergericht

Heringssalat

Ein beliebtes Gericht am Silvesterabend. Dabei benötigt man 7 Zutaten = die magische 7, der man im Mittelalter ungeheure Kräfte beimaß.

4 Salzheringe, 2 große saure Äpfel, 375 g Pellkartoffeln, 2 große Gewürzgurken, 125 g rote Beete aus dem Glas, 2 Zwiebeln, 200 g gekochtes Rindfleisch oder Kalbsbraten
Soßen-Zutaten: Heringsmilch, $^1/_4$ l saure Sahne, Zukker, Salz, Pfeffer, Öl, Essig, 1 EL Kapern
Garnitur: Petersilie oder Schnittlauch, 2 hartgekochte Eier

Die Heringe einige Stunden wässern, enthäuten, entgräten und in Würfel schneiden. Ebenso würfelt man die Äpfel, Kartoffeln, Gurken, Zwiebeln, rote Beete und das Fleisch. Die Heringsmilch durch ein Sieb passieren, mit Sahne, Öl und Essig verschlagen und würzen. Soße und Zutaten gut vermengen. In eine Glasschüssel füllen, kalt stellen, damit der Salat gut durchziehen kann und vor dem Servieren mit gehackter Petersilie und feingehackten Eiern garnieren.

Immer noch beliebt!

Stockfisch

Neben dem Salzhering wurde ebenso häufig auch Stockfisch gegessen. Er wurde im Austausch mit Weizen aus den nordischen Ländern importiert. Stockfisch ist auf Stöcken getrockneter Kabeljau und Schellfisch. Bevor er gekocht werden kann, muß er einige Stunden zum Quellen in Wasser liegen. Stockfisch in Butter gehörte z. B. auf jede Hochzeitstafel im Bentheimer Raum, gehört heute noch zur Bremer Schaffermahlzeit und war zu Sauerkraut und Kartoffelbrei ein überall beliebtes Samstagsessen.
Heute können Sie fertig gewässerten Stockfisch in vielen Fischgeschäften kaufen. Bereiten Sie ihn wie die frischen Fische zu, z. B. wie Scholle oder Seezunge.

Neulich bei Adele gegessen; einfach toll.

Nordseekutterscholle, Finkenwerder Art

4 Schollen, Saft von 1 Zitrone, Salz
Panade: Mehl, Eier, Paniermehl
zum Braten: 2 EL Butter und 100 g durchwachsener, geräucherter Speck

Die Schollen ausnehmen, Kopf, Schwanz und Flossen abschneiden und gut waschen. Abtrocknen, mit Zitronensaft beträufeln und salzen. In Mehl, verschlagenem Ei und Paniermehl wenden. Man brät sie in heißer Butter, versetzt mit ausgelassenem Speck und serviert sie mit den Speckwürfeln und Zitronenachteln.
Dazu reicht man in Butter geschwenkte Salzkartoffeln und Gurkensalat.

Gebratene Seezunge nach Art der Kutterfischer

4 Seezungenfilets, 100 g Butter oder geräucherter Speck, Salz, Pfeffer, 1 Zwiebel, 100 g Krabben – gekocht und gepult, 1/4 l Sahne, 1 TL Dillspitzen

Die Filets waschen, abtrocknen und mit Salz und Pfeffer einreiben. Die Butter bzw. den gewürfelten Speck in der Pfanne auslassen, die Seezungen goldgelb von beiden Seiten braten und dann vorsichtig auf eine Platte legen und warm stellen. In dem Fett brät man jetzt kurz die gehackte Zwiebel und die gepulten Krabben an, löscht mit Sahne ab und läßt diese kurz einkochen. Frischen Dill und evtl. noch Salz und Pfeffer zugeben. Über die Filets gießen und sofort zu Tisch bringen.
Mein Vorschlag, das Rezept abzuwandeln, um es als festliche Vorspeise zu servieren: Nachdem Sie die Seezungen gebraten haben, füllen Sie das Fett in eine Flambierpfanne um, lassen es bei Tisch wieder sehr heiß werden, braten die Krabben und die Zwiebeln kurz an. Danach wärmen Sie eine Suppenkelle voll Whisky an und flambieren die Krabben damit. Mit Sahne ablöschen. Jeder bedient sich der Soße aus der Flambierpfanne. Dazu grüner Salat in einer leichten Vinaigrette-Soße reichen und einen frischen Weißwein.

Gespickte Hechtfilets

4 Hechtfilets, Zitronensaft, 50 g fetter Speck in Streifen geschnitten, Salz, 40 g Butter, 1/8 l Weißwein, 1/8 l Sahne, Pfeffer

Die Filets waschen, abtrocknen und mit Zitronensaft beträufeln. $^{1}/_{2}$ Stunde ziehen lassen. Die Filets mit den Speckstreifen spicken und salzen. In Butter von beiden Seiten goldbraun braten. Den Bratensatz mit Weißwein und Sahne aufkochen und ein wenig einkochen lassen. Mit Pfeffer und evtl. Salz nachwürzen. Dazu Butterkartoffeln und Tomatensalat reichen.

Stint

1 kg Stint, Salz, 150 g getrockneter, ungeräucherter Speck, 40 g Butter

Der Stint wird zunächst geschuppt; dann zieht man das Eingeweide mit dem Kopf heraus, wäscht ihn gründlich und trocknet ihn ab. Er wird mit wenig Salz eingerieben. Der Speck muß gewürfelt und mit der Butter in der Pfanne ausgelassen werden. Der Stint wird in Mehl gewälzt und in die Pfanne gelegt. Er muß mit viel Fett gebraten werden, da er sehr trocken ist.

Stint in Sauer wird zubereitet wie Muscheln in Sauer (s. S. 72)

Butt (Flunder)

»Buttpetten« war bei den Einheimischen der Nordseeküste schon immer bekannt und genutzt, heute ist es große Touristenattraktion. Denn Buttpetten ist das Selberfangen von Flundern im Wattenmeer. Unter sachkundiger Führung macht man eine Wattwanderung, und plötzlich sieht man, daß sich im Priel etwas bewegt. Drauftreten (petten) und greifen ist eins! Der Butt zappelt bestimmt noch ein bißchen, aber wenn Sie ihn jetzt loslassen, bringen Sie sich selbst um eine köstliche Mahlzeit.

1 Butt, Zitronensaft, Salz, 1 l Wasser, 1 Zwiebel, 2 Nelken, 1 Lorbeerblatt, 1 Zitronenscheibe
Soße: 30 g Mehl, 2 Eier, 1 EL Zitronensaft, $^{1}/_{4}$ l Fleischbrühe, 60 g Butter, Salz, 1 Messerspitze Estragon, 1 TL Petersilie, $^{1}/_{8}$ l Sahne

Buttpetten ist "great"

Den Butt ausnehmen, säuern und 10 Minuten stehen lassen. Danach abtrocknen und stark salzen. In das gewürzte Wasser legen und gar ziehen lassen.

Inzwischen die Soße herstellen. Mehl und Eier verquirlen, Zitronensaft und Fleischbrühe zugeben, ins Wasserbad stellen und so lange schlagen, bis die Masse dickflüssig wird. Unter Schlagen die Butter darin auflösen, salzen, würzen und mit der steifgeschlagenen Sahne abziehen. Den Butt ein wenig zerteilen und mit etwas Soße begießen. Den Rest der Soße braucht man für die Salzkartoffeln.

Steinhuder-Meer-Aal in Dillsoße

an der Küste Grön-Aal genannt.
Die Binnenseen Niedersachsens, vor allem das Zwischenahner Meer, der Dümmer See und das Steinhuder Meer sind bekannt für ihren Fischreichtum, speziell für die Aale. Früher wichtige Nahrungs- und Erwerbsquelle, ist das Angeln und Fischen in den Binnengewässern heute zur Touristenattraktion geworden.

1 kg frischer Aal, $^1/_2$ l Weißwein, Salz, Pfefferkörner,
2 Lorbeerblätter, 1 Zwiebel, $^1/_2$ TL Zucker
40 g Butter, 40 g Mehl, $^1/_8$ l Wasser, etwa $^1/_8$ l Sahne,
reichlich frischer, gehackter Dill, etwas Fondor, Salz

Den Wein mit den Gewürzen und der Zwiebel zum Kochen bringen. Den Aal säubern, in große Stücke schneiden und in den Sud legen. 15 Minuten ziehen aber nicht kochen lassen.
Inzwischen die Butter zerlassen, daß Mehl hellgelb darin anrösten und mit dem Wasser und der Sahne ablöschen. Mit Salz und Fondor abschmecken und mit viel Dill anreichern. Die Aalstücke einlegen, einige Minuten darin ziehen lassen und dann in der Soße zu Salzkartoffeln und Gurkensalat servieren. Wenn Sie die Soße leicht gesäuert möchten, so fügen Sie etwas Fischsud zu.

Zwischenahner Schmoortaal

Wenn Sie in die Gegend von Oldenburg und Westerstede kommen, so besuchen Sie doch einmal Bad Zwischenahn. Sie werden von dem Ort, dem See und den vielen Ammerländer Spezialitäten begeistert sein. Die Aalräuchereien rund um den See sorgen für besten frischen Räucheraal. In fast jeder Gaststätte liegen auf großen länglichen Platten geräucherte Aale. Und gegessen werden sie so: Vorweg trinken Sie einen »Klaren« aus dem Zinnlöffel. Sie ziehen

dem Aal vom Kopf her die Haut ab und essen den Fisch mit den Fingern. Dazu und zwischendurch deftiges Brot und Bier. Nach dem Essen lassen Sie sich die Hände mit Klarem abspülen — und zur besseren Bekömmlichkeit nehmen Sie noch einen Löffeltrunk zu sich. Das ist echt Zwischenahner Art.
Übrigens: laden Sie doch einmal zu einem zünftigen rustikalen Aalessen nach Zwischenahner Manier ein. Die Aalräuchereien schicken Ihnen die geräucherten Aale, Schmoortaale genannt, per Expreß ins Haus.

Harzer Bachforellen

Forellen aus klaren, immer fließenden Bächen sind eine Köstlichkeit. Im Harz werden sie blau gekocht und nach Art der Müllerin gebraten — wie überall. Besonders gut aber sind sie, wenn man sie frisch geräuchert bekommt.
Dazu serviert man im Harz Toastbrot und Heidehonig.

Panne-Fis

Gekochter Seefisch, der mittags übriggeblieben ist, wird in Ostfriesland abends sinnvoll genutzt. Man bereitet aus ihnen eine deftige, gehaltvolle »Fisch-Pfanne«.

500 g Fisch gekocht (Rest), 500 g gekochte Kartoffeln (Rest), 150 g getrockneter, geräucherter Speck, 1 kleine Tasse Milch, Salz

Der Speck wird in Würfel geschnitten und in der Pfanne ausgelassen. In den ausgelassenen Speck gibt man die in Scheiben geschnittenen Kartoffeln und den grob zerpflückten Fisch, streut wenig Salz darüber und läßt es kurz durchschmoren. Nun gießt man eine kleine Tasse Milch darüber und läßt das Ganze auf kleiner Flamme zum Stocken kommen.

Granat-Salat

Das Rezept ist sicherlich neueren Ursprungs, aber der Salat wird heute an der ganzen Küste und auf den Inseln angeboten. Man reicht dazu getoastetes Brot und Butter.

300 g gekochte und frische gepulte Krabben, 2 Äpfel, 2 Bananen, 3 hartgekochte Eier, 1 Beutel Mayonnaise, Salz, Pfeffer, $^{1}/_{2}$ TL Ketchup, 1 Messerspitze Dill, Sahne zum Verrühren

Die Mayonnaise mit der Sahne und den Gewürzen verrühren. Da hinein gibt man die Krabben, die geschälten und geschnippelten Äpfel, die gepellten und gewürfelten Bananen und die gehackten Eier. Gut durchziehen lassen!

Muscheln

In den Monaten mit »r« sind sie überall an der Küste zu haben und laden zu genüßlichem Verzehr ein.

1 $^{1}/_{2}$ kg Miesmuscheln, 2 Zwiebeln, 1 Stück Sellerie, 1 Lorbeerblatt, $^{1}/_{2}$ l Wasser, 2 Stangen Porree, 1 Möhre, Salz, Pfeffer, 2 EL Butter

Die Muscheln werden einige Stunden in Wasser gelegt. Sollten sich dabei Schalen öffnen, so wirft man diese Muscheln unbedingt weg, weil sie giftig sind. Die anderen werden gebürstet, die Bartbüschel mit dem Messer abgezogen. Die Butter wird in einem Topf zerlassen, das geputzte und zerkleinerte Gemüse darin angeschmort, mit Wasser abgelöscht und gewürzt. In die kochende Suppe wirft man die Muscheln und läßt sie etwa 6 Minuten bei geschlossenem Topf köcheln. Dann wendet man sie, damit die oben liegenden nach unten kommen und läßt sie noch einmal 5 Minuten ziehen. Sie sind gar, wenn sich die Schalen geöffnet haben. Muscheln, die jetzt noch geschlossen sind, sollte man ebenfalls wegwerfen. Gegessen werden sie so:

Man serviert sie in einem Suppenteller, der mit einem anderen abgedeckt ist. Dieser 2. Teller ist für die leeren Schalen gedacht. Man schlürft die Muscheln, indem man sie mit einer leeren Schale lockert und mit der Hand zum Mund führt. Zwischendurch löffelt man den Sud und ißt gebuttertes Schwarzbrot dazu. Ein kühles Bier sollte auch nicht fehlen.

Man kann sie aber auch in einer Mehlschwitze aus Butter — Mehl — Fischsud — Sahne als Ragout mit Salzkartoffeln essen.

Die Suppe kann mit Weißwein erheblich verbessert werden

Muscheln in Sauer

In den Sielorten Ostfrieslands bevorzugt man »Muscheln in Sauer«, besonders wenn es dazu Bratkartoffeln gibt.
Die Muscheln werden wie im vorigen Rezept gekocht, geschält und vom Bart befreit. Dann legt man sie in eine Marinade ein aus:

$^1/_8$ l Wein, $^1/_8$ l Essig, 2 Lorbeerblätter, je 1 Prise Zucker und Salz, 8 Pfefferkörner, 3 Pfefferschoten und 3 in Ringe geschnittene Zwiebeln.

Notizen & weitere Rezepte:

fig · 9

Eintöpfe, Gemüse und Salate

Geisekohl

Im allgemeinen wird Giersch als Unkraut am Weges- oder Ackerrand angesehen. Im Emsland aber wird es im Frühjahr oder nach der ersten Heuernte — wenn das Kraut also zart und frisch sprießt — als Geisekohl zu einem kräftigen Eintopf verarbeitet. Sind die Stengel älter und kräftiger, so wird »Stielmus« daraus gezaubert. Die Emsländer, besonders die um Haselünne und Herzlake, schwärmen davon. »Man muß die Zeit nutzen«, sagen sie, »jede Woche einmal, ist nicht zuviel.«

1 kg Giersch, 500 g durchwachsener Speck, 4 Mettendchen, 1 l Wasser, Salz, Pfeffer, 2 Zwiebeln, etwas Mehl, 1 kg Kartoffeln

Den Speck und die Mettenden in Wasser und den Zwiebeln weich kochen. Die Kartoffeln schälen, in kleine Würfel schneiden. Den Giersch von den Stengeln abstreifen und in feine Streifen schneiden. Beides in die Suppe geben, weichkochen und mit Salz und Pfeffer abschmecken. Sollte das Gemüse zu suppig sein, rühren Sie etwas Mehl ein oder stampfen die Kartoffeln kurz durch.

Stielmus vom Geisekohl

1 kg kräftiger Giersch, 1 l Wasser, Salz, 40 g Butter, 40 g Mehl, Salz, Fondor, $^1/_4$ l Milch (oder $^1/_8$ l Milch, $^1/_8$ l Gemüsewasser)

Die Blätter vom Giersch abstreifen, die Stiele in 2 cm lange Stücke schneiden und in Salzwasser weichkochen. Die Butter im Topf schmelzen, das Mehl hellgelb darin rösten und mit Milch ablöschen. Mit Fondor und Salz abschmecken, die gut ausgedrückten Gemüsestiele zugeben und zu Salzkartoffeln servieren.

Herrlich würzig

Manna oder Schwadengrütze

In den Sumpf- und Wiesengegenden an Weser, Elbe, Leine und Aller, sowie in Oldenburg und Ostfriesland wurden die Früchte dieses Swaengrases, oder auch Süßgras genannt, im 18. und 19. Jahrhundert gesammelt, um eine Grütze daraus zu kochen. Das Swaengras wächst auf dicken Halmen, hat ästig ausgebreitete Rispen, an denen von Juni bis tief in den Herbst Früchte reifen. Die Wild- und Wasservögel verzehren sie gern. In Rußland, Polen und Litauen kochen die Frauen noch heute ein kräftiges Hirsegericht daraus. Der Samen muß frühmorgens oder spätabends — wenn die Schwaden über den Wiesen hängen — gesammelt werden. Die Rispen werden geschüttelt, der Samen fällt heraus. Er wird ungeschrotet in kochende Milch geschüttet und quillt dort zu einem Brei aus. Süßen und recht heiß essen — wie wär's mit Nostalgie?

Labskaus

Eigentlich ist Labskaus ein typisches Seemannsgericht, da es aus Zutaten besteht, die es möglich machen, dieses Gericht auch an Bord zu kochen. Es wird heute überall an der Waterkant zubereitet, und fast jede Gaststätte hat es auf der Speisekarte.
Das Originalrezept ist folgendes:

1 kg Pökelfleisch vom Rind, gut 1 l Wasser, 1 Lorbeerblatt, 2 Nelken, 1 Möhre, 1 kg Kartoffeln, 4 Salzheringe, 2 EL Schweineschmalz, 2 Zwiebeln, Salz, Pfeffer, Muskat, etwas heiße Brühe
Beilagen: Rote Beete, Gewürzgürkchen, je Teller 1 oder 2 Spiegeleier

Hein kocht Labskaus am besten

Das Pökelfleisch mit dem Wasser, den Gewürzen und der Möhre aufsetzen und in ca. 1 $^1/_2$ Stunden weichkochen. Die Salzheringe entgräten und wässern. Die Kartoffeln schälen und gar kochen. Anschließend das Fleisch, die Kartoffeln und die Heringe zusammen durch die feine Scheibe des Fleischwolfs drehen. Das Schmalz in einem Gußbräter oder einer schweren Pfanne auslassen. Die Zwiebeln würfeln und mit dem Brei kurz in dem Schmalz anbraten, würzen und mit soviel heißer Brühe begießen, daß ein geschmeidiger Brei entsteht. Diesen in tiefe Teller füllen, mit Gewürzgürkchen, rote Beetescheiben und Spiegeleiern obenauf garnieren. Man kann zusätzlich in den Brei noch Gurken- und rote Beetestreifen mengen.

Bratgen und Klump

war früher das typische Essen für den 2. Weihnachtstag in und um Braunschweig. Danach gab es wie fast immer Milchreis. Das Rezept für Klump finden Sie auf S. 31.
Bratgen, auch Bratschen geheißen, sind getrocknete Apfel- und Birnenschnitze und gedörrte Pflaumen. Da es in dieser Gegend reichlich Obst gibt, konservierte man es früher durch Dörren oder Backen in dem Backhaus, nachdem man Brot gebacken hatte und das Backhaus noch eine gewisse Hitze hatte.
Es wurde in Leinensäckchen im Wiemen aufbewahrt.

250 g gemischtes, getrocknetes Obst, $^{3}/_{4}$ l Wasser,
100 g Zucker, 2–3 EL Speisestärke

Das Obst eine Nacht in dem Wasser einweichen und quellen lassen. Am anderen Morgen mit dem Einweichwasser aufkochen und bei geringer Temperatur in etwa 30 Minuten weichkochen. Süßen und mit etwas Stärke leicht binden.
Reste der Bratgen gab es oft einen Tag später als Bratgenmus, indem man einen Topf mit Brotscheiben auslegte, das Obst darüber füllte, Zwiebelringe in einer Pfanne glasig schmorte und auf das Obst packte, Im Backofen überbacken, gab es dazu nur noch Brot.

Suerkohl, Klump und Steeke

früher das typische Essen für den 1. Weihnachtsfeiertag, für die Sonntage und für den Schlachttag im Braunschweiger Raum. Das Rezept für Klump finden Sie auf S. 31.
Steeke oder auch Sti-eke genannt ist frisches Wellfleisch.

1 kg frischer, gut durchwachsener Schweinebauch, 1 l Wasser, Salz, 1 Lorbeerblatt, 2 Nelken, 1 Zwiebel, 500 g Sauerkraut, 5 Wacholderbeeren, Salz, Pfeffer, evtl. 1 Prise Zucker

Das Wellfleisch mit dem Wasser, dem Salz, den Gewürzen und der Zwiebel zum Kochen bringen und $^{1}/_{2}$ Stunde vorkochen. Danach die Gewürze herausnehmen. Das Sauerkraut auf das Fleisch pakken, die Wacholderbeeren zugeben, salzen und pfeffern und noch einmal $^{1}/_{2}$ Stunde lang kochen lassen. Zum Schluß den Deckel vom

Kas met 'ne fette Mule ut Fen-ster kieken!

Topf nehmen, damit die Flüssigkeit etwas einkocht und verdampft. Wenn man das Gericht nicht so sauer mag, kann man mit Zucker etwas nachhelfen. Das Fleisch getrennt zum Kohl reichen.

Wat en düchtige Burfro is,
de is dusend Daler wert.
(Lüneburger Heide)

Lepelkost der Heidjer

Lepel bedeutet Löffel. Löffelkost war früher ein feststehender Begriff für eine Mahlzeit, die aus einem Kump oder aus dem tiefen Teller mit dem Löffel gegessen wurde. Gabeln kannte man nicht. Das Fleisch wurde mit einem Taschenmesser geschnitten.
Ein Stück Rauchfleisch, am Vorabend in Wasser gelegt, wurde am Morgen in frischem, ungesalzenen Wasser weichgekocht. Diese Suppe bildete sozusagen die Vorspeise. Hauptgericht waren Buchweizenklöße »griese Jongs«, in der Suppe gegart, Pellkartoffeln und das Fleisch. Während man Kartoffeln und Klöße vom Suppenteller aß, legte man das Fleisch auf einen besonderen Holzteller und schnitt es sich da zurecht. Die Pellkartoffeln stippte man in das Fett, das man vor dem Essen sorgsam von der Suppe abgeschöpft hatte, und das in einer Schüssel auf dem Tisch stand.

Flesch latt,
Klüten satt.

Updrögt Bohntjes

sind auch heute noch in Ostfriesland sehr beliebt.
Reife, weichschalige Bohnen werden von den Fäden befreit und auf ein sogenanntes »Bohntjeband«, einen dünnen Faden, gereiht. Zum Trocknen hängt man sie dann auf den Boden oder in die Küche. Wenn die Bohnen nach mehreren Wochen trocken sind, gibt man sie zur Aufbewahrung in Leinenbeutel.

500 g Bohnen, 750 g getrockneter, durchwachsener Speck, 750 g frisches Schaffleisch, 1/2–3/4 l Wasser, 500 g Kartoffeln, Salz, etwas Pfeffer

Schmeckt echt gut!

Die Bohnen werden sehr gründlich gewaschen und mit einer Haushaltsschere in 2 cm lange Stücke geschnitten. Dann weicht man sie eine Nacht lang ein. Am folgenden Tag werden die Bohnen in frischem Wasser etwa 20 Minuten gekocht. Nun gibt man sie auf einen Durchschlag und spült sie nochmals ab. Der Speck und das Schaffleisch werden mit dem Wasser und den Bohnen aufgesetzt und müssen 2 Stunden lang kochen. In der letzten halben Stunde werden die Kartoffeln mitgekocht. Wenn alles gar ist, wird auch dieses Gericht durchgestampft und mit etwas Salz und Pfeffer abgeschmeckt. Zu diesem Gericht stellt man Essig auf den Tisch.

Möhreneintopf aus dem Emsland

750 g Möhren, 750 g Kartoffeln, 2 EL Butter, 1 Zwiebel, $^{1}/_{2}$ l Brühe, 1 Stück durchwachsener, geräucherter Bauch, Salz, Pfeffer
Apfelmus aus: 1 kg Äpfel, 3–4 EL Zucker, 2 EL Wasser

Schmeckt am anderen Tag auch noch

Die Möhren waschen, putzen und würfeln. Die Kartoffeln schälen, waschen und würfeln. Die Butter in einem Topf zerlassen, die gewürfelte Zwiebel darin glasig dünsten, den Speck darauflegen und mit Brühe ablöschen. Auf das Fleisch die Möhren und darauf die Kartoffeln packen. Salz und Pfeffer darüber streuen. Das Gericht gar kochen. Das Fleisch aus dem Gemüse nehmen, die Kartoffeln leicht sämig einstampfen und heiß halten.
Die Äpfel schälen, das Kerngehäuse herausschneiden und in dem Wasser mit dem Zucker weichkochen. Durchstampfen oder durchpassieren. In eine Glasschüssel füllen. Warm servieren. Man ißt das Gericht wie folgt:
Den Eintopf in einen Suppenteller geben und einige Löffel Apfelkompott einrühren. Das Fleisch gesondert reichen. Dazu Eierpfannkuchen (s. S. 89).

Braunkohl und Pinkel — oder Brägenwurst

Braunkohl ist in Niedersachsen eine besondere Art des Grünkohls. Er schmeckt erst richtig, wenn er einmal gut durchgefroren war und damit einen großen Teil seiner Bitter- und Blähstoffe verliert. Zu Braunkohl ißt man im nördlichen Niedersachsen den Pinkel, eine Art Grützwurst, und im südlichen Landesteil Brägenwurst, Hirnwurst also.
Aber Braunkohl ist nicht nur ein einfaches Wintergericht, es ist seit Jahrhunderten in vielen Ortschaften Mittelpunkt vielerlei Feste. Bei

Einen Fingerbreit darüber fließt die Brüh von Schweinefett.

der Bremer Schaffermahlzeit gibt es unter anderem auch Braunkohl und Pinkel, in Oldenburg lädt die Stadt Oldenburg seit vielen Jahren Größen der Wirtschaft und der Politik zu einem Kohlessen ein. Der leistungsfähigste Esser wird Kohlkönig. Viele berühmte Männer haben die Auszeichnung inzwischen errungen. Aber nicht nur bei Einladungen steht der Braunkohl obenan, Kegelklubs, Busunternehmer und andere Gesellschaften unternehmen Kohl-Fahrten aufs Land, wo man sich in Braunkohl so richtig rundum satt essen kann. Daß dabei der kühle »Klare« nicht fehlen darf, braucht sicherlich nicht groß erwähnt zu werden.

1 $^1/_2$ kg Braunkohl, $^1/_2$ l Brühe, Salz, Pfeffer, 2 Zwiebeln, 1 großes Stück fettes Bauchfleisch, Pinkel oder Brägenwurst

Den Braunkohl vom Strunk abstreifen. Das »Herz« ganz lassen. Im Gegensatz zu manchen Rezepten wird der Braunkohl in Niedersachsen nicht klein geschnitten. Die abgerupften Blätter werden mit kochendem Wasser überbrüht und einmal kurz abgekocht. Das Wasser wegschütten. Den Kohl erneut in einen Topf geben, mit der Brühe übergießen, Salz, Pfeffer und die gehackte Zwiebeln unterrühren und das Stück Bauchfleisch obenauf legen. Den Deckel schließen, und den Kohl fast gar kochen. 20 Minuten vor Beendigung der Kochzeit gibt man die Würste zu. Die Brägenwurst wird mit einer Nadel vorher einige Male eingestochen, damit sie Fett und Gewürzaroma an den Kohl abgeben kann. Das Gemüse muß von Fett glänzen, erst dann schmeckt es richtig. Nicht umsonst lautet ein Sprichwort: »Durch Braunkohl muß ein Schwein getrieben werden.«
Dazu gibt es Salzkartoffeln.

Anmerkung: 1. Weil der Kohl nur grob zerpflückt wird, nennt man ihn in manchen Gegenden Niedersachsens auch

»Langer Kohl«.

Früher wurde er mit Schaffleisch gekocht.

2. Die jungen Frühlingstriebe der Braunkohlstrünke nennt man in und um Bremen

»Scherkohl«.

Er wird wie Braunkohl zubereitet.

Birnen, Bohnen und Speck

ist im südlichen Oldenburg genauso beliebt wie in Ostfriesland, wo man das Gericht »Grön Hein« nennt.

Ut'n groten Pott, däftig gekocht

500 g Kochbirnen, 750 g grüne Stangen- oder Buschbohnen, 500 g getrockneter durchwachsener Bauchspeck, 1/2 l Wasser, Salz, Pfeffer, evtl. etwas Mehl

Den Speck mit dem Wasser 15 Minuten lang vorkochen lassen. Die Bohnen in der Zwischenzeit abfädeln, waschen und in mundgerechte Stücke brechen. Dann zu dem Speck in den Topf geben und beides wiederum 15 Minuten lang kochen lassen. Aus den Birnen die Blütenansätze herausschneiden und auf die Bohnen legen. Das Gericht muß jetzt noch 20—30 Minuten lang kochen. Den Speck herausnehmen und in Scheiben schneiden. Die Bohnen evtl. mit etwas Mehl binden. In eine Schüssel füllen, den Speck obenauf legen und zu Salzkartoffeln essen.

Gestovter Wirsing

Während man häufiger die Art, Weißkohl (Buuskohl) oder Wirsing mit Rind- oder Schafsfleisch zu einer leichten, klaren Suppe zu kochen, findet, gibt es aber auch sehr wohl das »gestovte«, d. h. mit Mehl abgebundene Gemüsegericht.

Buuskohl schmeckt so zubereitet auch gut

1 kg Wirsing, Salz, 1 1/2 l Wasser, 40 g Mehl, 40 g Butter, 1/4 l Brühe, 1/8 l Milch, Salz, Pfeffer, evtl. 60 g Speck

Den Wirsing zerschneiden und die dicken Rippen entfernen. In grobe Streifen schneiden, mit dem Salzwasser aufsetzen und das Gemüse darin garen.

Die Butter im Topf zerlassen, das Mehl darin leicht gelb schwitzen, mit der Brühe und der Milch ablöschen und durchkochen. Mit Salz und Pfeffer pikant abschmecken. Den Wirsing abschütten, gut ausdrücken und in die Soße rühren. Will man das Gemüse noch mit Speck anreichern, so kann man das auf zweierlei Arten tun. 1. die Speckwürfel mit der Butter zusammen ausbraten, aber dann weniger Butter nehmen. 2. Den Speck würfeln, in der Pfanne kroß ausbraten und dann über das fertig angerichtete Gemüse geben.

Dazu Bratenfleisch und Salzkartoffeln.

Speck-Kartoffelsalat

1 kg Salatkartoffeln, 50 g fetter Speck, 1 Zwiebel, Salz
Soßen-Zutaten: 1 Prise Salz, 1 Messerspitze Pfeffer, 2 EL Essig

Die Kartoffeln schälen und in Salzwasser gar kochen. Das Wasser abgießen, die Kartoffeln lauwarm in Scheiben schneiden und mit 1 Prise Salz würzen. Den Speck und die Zwiebeln in ganz feine Würfel schneiden und in der Pfanne goldgelb anbraten. Über die noch warmen Kartoffeln geben. Diese mit Salz, Pfeffer und Essig pikant sauer abschmecken.
Der Salat wird warm gegessen.

Harzer Kartoffelsalat mit Schmorwurst

Die Gerichte im Harz zeigen deutlich die Abstammung der Leute. Die Harzer Bevölkerung setzt sich — zwangsläufig durch das Arbeitsvorkommen — aus Thüringern, Tirolern, Erzgebirglern und Niedersachsen zusammen. Die Einwanderung und Einbürgerung liegt gut 200 Jahre zurück, die Eigenarten der Küche, eine Mischung aus Topf und Pfanne, haben sich erhalten und bereichern auch die Randgebiete. So ist es auch mit dem Kartoffelsalat, der immer noch die sächsische Geschmacksrichtung vorweist.

Annis Skepsis war un-berechtigt

1 kg gekochte Kartoffeln, 300 g Schinkenwurst (Jagdwurst), 4 Gewürzgurken, 4 Eier, 2 Zwiebeln, 1 Glas Mayonnaise, etwas Milch und Gurkenwasser, 1 TL Senf, Salz, Pfeffer, Petersilie

Die Mayonnaise mit Senf, Salz und Pfeffer würzen, mit Milch und Gurkenwasser zu einer glatten Soße rühren. Die Kartoffeln und Eier in Scheiben schneiden, die Zwiebel und Gurken würfeln und die Jagdwurst in Streifen schneiden. In die Soße geben und unterheben. Dazu serviert man Harzer Schmorwurst, eine Heißwurst aus Mett, gewürzt mit Kümmel, Salz, Pfeffer und Koriander. Das wahre Rezept verrät keine Metzgerei. Jedenfalls muß diese Wurst sehr heiß gegessen werden. Und außerdem: Vorsicht beim Anschneiden; die Wurst spritzt leicht.

Kopfsalat

Salat wurde in früheren Zeiten in den verschiedenen Teilen Niedersachsens recht unterschiedlich zubereitet. Die häufigste Art war die, ihn durch eine

Specksoße

zu ziehen. Dazu bereitete man eine warme Mehlsoße aus Butter—Mehl—Brühe, mischte sie unter den Salat und begoß diesen außerdem mit ausgebratenen Speckwürfeln. Warm servieren und aus einer Schüssel, die mitten auf dem Tisch steht, essen.
Eine andere Art war, den Salat unter eine

Buttermilchsoße

zu heben. Dazu werden Öl, Essig, Buttermilch, Salz und Pfeffer verschlagen und evtl. mit Zwiebelwürfeln und Petersilie angereichert.
Eine für heute ungewöhnliche Art, Salat zu servieren, ist die, ihn wie Gemüse zu kochen. Das Gericht nannte man im Hildesheimer Raum

Froschlenden

Feste Köpfe Salat werden dicht nebeneinander in eine Kasserolle gelegt, mit soviel Buttermilch begossen, daß die Köpfe halb bedeckt sind, mit Butterflöckchen belegt und mit Salz und Pfeffer gewürzt. Füher setzte man diesen »Grapen« = Topf hinten auf den Kohleherd und ließ das Gemüse langsam gar ziehen. Heute: Bei schwacher Hitze kochen!

Dicker Reis mit Schinken

Im Emsland bzw. südlich Oldenburg ißt man häufig als Hauptgericht dicken Reis mit Schinken. Dazu wird luftgetrockneter Schinken in dünne Scheiben geschnitten, aufgerollt und aus der Hand zum Reis gegessen. Wenn der Schinken zu dünn und zu karg ausfällt, so bedient man sich gern des Spruchs:

> »Stina mak de Fenster to, süß weiht mi de Schinken von'n Disk.«

Das Rezept für »dicken Reis« s. S. 100

Preiswert und schnell

Notizen & weitere Rezepte:

fig. 10

Pl

nnen- und Kartoffelgerichte

Pingel-pöttken nicht vergessen

Buchweizenpfannkuchen

Das wohl verbreitetste Gericht Niedersachsens, überhaupt des norddeutschen Raumes ist der Buchweizenpfannkuchen. Als kleine Plätzchen gebraten ißt man sie in Ostfriesland, als große Pfannkuchen in der Lüneburger Heide, im Oldenburgischen, im Emsland und im Hümmling. Seine Beliebtheit erwächst aus der früheren Notwendigkeit, den kargen Moor- und Heideboden zu nutzen.
Sobald die Moorfläche im Frühjahr trocken war, wurde sie mit einer Zackenhacke gelockert und dann in Brand gesteckt. In die erkaltete Asche wurde der Buchweizen gesät. Da das Abbrennen des Moores heute verboten ist, bekommt man den Buchweizen nur noch selten. Er wird aus Südamerika, Afrika und Kanada eingeführt.
Früher war er das Hauptnahrungsmittel der Bauern. Jeder Hof hatte seine eigene Grützmühle, in der der Buchweizen geschrotet oder zu Grütze gemahlen wurde. Denn nicht nur die Menschen profitierten vom Buchweizen, die Küken wurden mit der Grütze gefüttert, und das beste Mastfutter für die Schweine war der Schrot. Aus Buchweizenmehl, Kaffee, Milch und Buttermilch aber zauberte die Hausfrau die geliebten Pfannkuchen.
Hier das Rezept für Bookweiten-Jan-Hinnerk aus dem Hümmling:

$^{1}/_{8}$ l Milch, $^{1}/_{8}$ l Buttermilch, $^{1}/_{8}$ l Kaffee, 6 Eier, 9 EL Buchweizenmehl (250 g), 1 TL Salz, etwa 12 Speckscheiben, Schmalz zum Braten

Die Eier mit der Milch, der Buttermilch und dem Kaffee verschlagen, mit dem Mehl mischen und dem Salz würzen. Den Teig 3—4 Stunden quellen lassen.
In der Pfanne Schmalz erhitzen, 4 Speckscheiben (Fensterchen) ausbraten und eine große Kelle Teig einlaufen lassen. Schön kroß von beiden Seiten ausbraten. Er wird mit Kronsbeeren gegessen. Im Emsland gießt man wohl in jedes Speckfenster etwas »Korn« und ißt ihn mit grünem Salat, den man mit Sahnesoße anmacht. In der Heide und in Ostfriesland beträufelt man ihn mit Honig oder Sirup und ißt Bratkartoffeln oder gebratenen Speck dazu.
Früher stand immer ein Topf mit Teig bereit, so daß man sich jederzeit einen Pfannkuchen backen konnte.

Bookweiten un Miel,
Hei vor de Triel.

Suer-seute Eierkooken

Im Braunschweiger Raum waren sauer-süße Eierkuchen im Winter ein beliebtes Gericht.

Pfannkuchen: 4 Eier, 250 g Mehl, $^1/_2$ l Milch, Salz, Öl zum Ausbraten
Soße: 50 g Speck, 20 g Öl oder Schmalz, 40 g Mehl, Essig nach Geschmack, $^1/_2$ l Brühe, 125 g getrocknete, eingeweichte Pflaumen

Die Eigelb aufschlagen, abwechselnd mit Mehl und Milch verrühren, so daß ein dickflüssiger Teig entsteht. Salzen! Das Eiweiß zu Schnee schlagen und vorsichtig unterheben. In einer Pfanne Öl erhitzen, jeweils eine Kelle Teig einlaufen lassen und diesen von beiden Seiten goldgelb braten. Wenn alle Eierkuchen gebacken sind, schneidet man sie in Streifen.
Für die Soße brät man den Speck leicht aus, schwitzt das Mehl goldgelb an, löscht mit Brühe zu einer leichten Soße ab und gibt dahinein die vorgequollenen und in der Brühe vorgekochten Pflaumen. Mit Essig süß-sauer abschmecken. Zum Schluß die Eierkuchenstreifen unterheben und heiß zu Brot oder Salzkartoffeln servieren.
Häufig gab es dazu nur warmen Salat. Das Rezept finden Sie unter Kopfsalat mit Specksoße S. 96.
Die Harzer Torfstecher, die neben dem Torf schliefen, brieten morgens die Pfannkuchen über offenem Feuer und stippten diese Kuchen in die Specksoße. Das wärmte und gab Kraft.

Emdener Krabbenpfannkuchen

Elke dazu einladen.

2 Eier, Salz, 250 g Mehl, $^1/_2$ l Milch, Fett zum Ausbraten, 150–200 g Krabben, 100 g durchwachsener Speck

Die Eigelb mit dem Salz verschlagen, abwechselnd mit Mehl und Milch zu einem etwas dünnflüssigen Teig rühren und etwa 15 Minuten quellen lassen. Die Eiweiß steif schlagen und unterheben. In einer Pfanne zerläßt man nun etwas Öl oder Bratfett, gibt jeweils 2 EL Krabben und 1 EL Speckwürfel hinein, brät beides an und füllt dann 1 Suppenkelle Teig dazu. Von beiden Seiten hellbraun backen. — Dazu Kopfsalat oder Gurkensalat in Sahnesoße.

Speckendicken

Speckendicken werden in Ostfriesland hauptsächlich im Rheiderland, dem Westteil Ostfrieslands, links der Ems, am Silvestermittag in jedem Haus warm gegessen und als Rest an den folgenden Tagen kalt. Viele Rheiderländer backen einen ganzen Tag lang Speckendicken und erfreuen damit Verwandte, die außerhalb von Ostfriesland leben. Es ist ein wohlschmeckendes, jedoch etwas schweres Essen, deshalb darf dazu ein »Pingelsöpke« —ein Schnaps— nicht fehlen. Speckendickenmehl kann man in Ostfriesland fertig gemischt kaufen, oder man mischt es selbst. Das Mischungsverhältnis beträgt 2 : 1.

1 kg Roggenmehl, 500 g Weizenschrotmehl, 250 g Sirup, 200 g Zucker, 1 Päckchen gemahlener Anis, 1 Päckchen Kardamom – gemahlen, 6 Eier, 250 g Schmalz, $^3/_4$ l Milch, $^1/_2$ Päckchen Backpulver, getrocknete Mettwurstscheiben

Die Milch wird mit dem Sirup, dem Zucker und dem Schmalz lauwarm erwärmt. Nun gibt man das Mehl in eine Schüssel, und in die Mitte kommen die verschlagenen Eier, die erwärmte Milch, die Gewürze und das Backpulver. Alles wird zu einem dickflüssigen Teig verarbeitet, der eine Nacht ruhen muß. Dadurch wird der Geschmack verfeinert. Danach wird es im Speckendickeneisen, einem Herzchen-Waffeleisen, gebacken. Man gibt einen Löffel dickflüssigen Teig und darauf drei Scheiben lufttrockene Mettwurst in das Waffeleisen und backt ihn goldgelb aus.

Dämpepuffer

aus Helmstedt. Sie wurden abends zu »Schlibbergurken« (Gewürzgurken) oder Heidelbeeren gegessen.

500 g gekochte, durchgedrückte Kartoffeln, 2 Eier, 1 EL Mehl, Salz, Muskat

Den Kartoffelschnee mit den Eiern, dem Mehl, Salz und Muskat verrühren und evtl. noch etwas Milch zugeben. Die Puffer müssen ein glatter, aber fester Teig sein. In einer Pfanne Fett erhitzen, Teig zu dicken Plätzchen einfüllen und diese von beiden Seiten braun ausbraten.

Röhrenklump

Kann auch mehr Speck sein

In Helmstedt ein beliebtes Essen, wenn die Ernte im Gange ist

1 $^1/_2$ kg Kartoffeln, 3 Eier, Salz, $^1/_8$ l Milch, 200 g Buchweizenmehl oder Weizenmehl, 40 g Hefe, 50 g Speck, 2 Zwiebeln

Die Kartoffeln schälen und roh reiben. In einem Tuch fest ausdrükken. Die Kartoffelmasse mit den Eiern, dem Salz und dem Mehl vermengen. Die Hefe in etwas warmer Milch anrühren und mit der übrigen Milch in den Teig arbeiten. Speck und Zwiebeln würfeln, in der Pfanne glasig ausbraten und ebenfalls durchmengen. Eine Kastenform buttern und mit Paniermehl ausstreuen. Den Teig einfüllen. Obenauf einige Butterflöckchen setzen. Den Teig 2—3 Stunden gehen lassen und dann im vorgeheizten Backofen bei 200° etwa 1 Stunde lang goldbraun backen. Er wird heiß, in Scheiben geschnitten, gegessen. Man reicht dazu Blaubeerkompott oder Gurkensalat, evtl. auch noch Rauchfleisch. Reste des Klumps werden abends in der Pfanne gebraten und mit Salat gegessen.

Plaaten in de Pann

Viele Zwiebeln!

ist im ganzen Weserbergland bekannt.

1 kg Kartoffeln, 1 Ringel getrocknete Mettwurst, 2 Zwiebeln, 2 EL Schmalz zum Braten, $^1/_4$ l Fleischbrühe, Salz, Kümmel, Pfeffer, evtl. etwas Sahne, Petersilie

Die Mettwurst in 1 $^1/_2$ cm dicke Scheiben schneiden. Das Fett in einer großen gußeisernen Pfanne auslassen. Die Mettwurstscheiben darin kurz anbraten. Die Kartoffeln schälen und in feine Scheiben schneiden. Die Zwiebeln häuten und Zwiebelringe und Kartoffelscheiben auf die Wurstscheiben verteilen. mit Brühe angießen, etwas Salz, Pfeffer und Kümmel darüber streuen, den Deckel schließen und in etwa 20 Minuten gar werden lassen. Wenn die Brühe verkocht ist, ist die »Pfanne« richtig. Wer will, mag noch etwas Sahne angießen. Mit Petersilie bestreut in der Pfanne zu Tisch bringen. Dazu Salat servieren.

Notizen & weitere Rezepte:

Notizen & weitere Rezepte:

fig .11

Soßen

Stippelse oder Speckutbraels

Im Oldenburgischen, in der Braunschweiger Gegend und in der Lüneburger Heide von altersher ein sehr bekanntes Abendessen:

$1\frac{1}{2}$ kg gekochte Pellkartoffeln, 200 g durchwachsener, geräucherter Speck, 2 Zwiebeln, Salz zum Würzen

Die Kartoffeln in der Schale kochen. Das Wasser abschütten. Den Speck in $\frac{1}{2}$ cm dicke Scheibchen oder Würfel schneiden und in der Pfanne mit den Zwiebelringen hell ausbraten. Die Kartoffeln auf den Tisch schütten, pellen und mit der Gabel durch die Speckpfanne ziehen.
Auf einem extra Teller gab es rohen Speck oder geräucherte Wurst dazu, manchmal auch Gänsebrust oder bessere Fleischsorten. Typisch für die Südheide war es, Salzheringe dazuzugeben. (s. auch S. 64).
Um Bremen gab es zu Stippelse und Pellkartoffeln ein Kompott aus getrockneten Zwetschgen und Birnen.
Im Bersenbrücker Land und in der Gegend um Bentheim streckte man das Fett mit Buttermilch. Immer aber aß man aus der Pfanne, die für alle mitten auf dem Tisch stand.

Darf nicht klumpen

Braune Specksoße

Sie wurde zu Hering und Pellkartoffeln oder Kartoffelbrei gereicht.

100 g fetter Speck, 3 Zwiebeln, 1 EL Schmalz, etwas Mehl und Kartoffelwasser

Den Speck und die Zwiebeln würfeln, mit dem Schmalz braun ausbraten, mit Kartoffelwasser auf die gewünschte Soßenmenge bringen und diese mit Mehl etwas andicken. Mit Maggi und Salz abschmecken.

Meerrettich-Rosinensoße

Das ist die typische Soße zu gekochtem Rindfleisch im Süden Niedersachsens.

Meerrettich frisch reiben ist besonders lecker

40 g Butter, 40 g Mehl, $^{1}/_{4}$ l Brühe, $^{1}/_{4}$ l Milch, je 1 Prise Salz und Pfeffer, $^{1}/_{2}$ Tasse vorgequollene und in der Brühe weichgekochte Rosinen, frischer Meerrettich nach Geschmack

Die Butter schmelzen, das Mehl hellgelb ausrösten und mit der Brühe und der Milch zu einer sämigen Soße kochen. Frischen Meerrettich nach Belieben hineinreiben, mit Salz und Pfeffer abschmecken und mit den Rosinen süßen.

Honigkuchensoße

Sie wird in Wolfenbüttel zu Schmorbraten und Kartoffeln gereicht.

40 g Butter, 1 Zwiebel, 50 g Schinkenwürfel, 20 g Mehl, $^{1}/_{2}$ l Brühe, 1 Stück Honigkuchen, Essig, Salz, Zucker, 1 Messerspitze gemahlener Pfeffer, 2 EL Rosinen

Die Butter im Topf zerlassen, die feingehackte Zwiebel und die Schinkenwürfel darin glasig anschmoren, mit etwas Mehl bestäuben und mit der Brühe ablöschen. Soviel Honigkuchen hineinbröckeln, daß die Soße sämig wird. Mit Essig, Salz, Zucker und Pfeffer pikant abschmecken. Die vorgequollenen Rosinen nur noch darin heiß werden lassen. Die Schmorwurst darin erhitzen.

fig .12

Desserts

Dicke Milch

gilt in ganz Niedersachsen neben der roten Grütze als **die** erfrischende Nachspeise zum mittäglichen Essen. Sie wurde aus der abgerahmten Milch gewonnen, die man zum Eindicken und Einsäuern in Satten beiseite stellte. Man aß sie mit Zimt und Zucker oder mit Schwarzbrotbröseln und Zucker bestreut und mit süßer Milch übergossen. Heute gibt es dicke Milch in den Molkereien und Großmärkten zu kaufen. Servieren Sie sie kühl nach Altväter Sitte als Nachtisch am Mittag oder als Erfrischung am Abend.
Übrigens: in der Heide aß man sie stets am Abend und zwar mit Holzlöffeln aus einer großen Kumme. Die Löffel der Frauen hatten runde Formen, die der Männer waren oval. Sie wurden nach dem Essen abgeleckt, am Tischtuch abgetrocknet und am Tellerbört bis zur nächsten Mahlzeit wieder aufgehängt.

Dicker Reis

Er ist all überall ein beliebter Nachtisch an Sonn- und Feiertagen. Er wird örtlich verschieden mit Backobst, Zimt und Zucker, Schwarzbrot und Zucker oder mit Saft gegessen. Die häufigste Version wie ich sie um Celle und Soltau, Bentheim, Badbergen und Damme fand, ist die mit Backobst.

1 l Milch, 1 Tasse Wasser, 250 g Milchreis (Rundkornreis), 50 g Zucker, 1 Prise Salz

Den Reis waschen, mit einer Tasse Wasser und der Prise Salz aufsetzen und aufkochen lassen. Die Milch zugeben und den Reis darin bei geringer Hitze ausquellen lassen. Dann süßen und auskühlen lassen.

Buttermilchpudding »Errötende Jungfrau«

1 l Buttermilch, 2 Päckchen gemahlene rote Gelatine, 4 EL Zucker, 1 Päckchen Vanillezucker

Die Buttermilch mit dem Schneebesen gut schlagen, Zucker und Vanillezucker darin auflösen und die aufgelöste Gelatine einrühren. Kurz vor dem Gelieren noch einmal gut durchschlagen, in Portionsschalen füllen und durchkühlen.
Herrlich erfrischend im Sommer.

Großer Hans

Ein beliebter Nachtisch aus dem Alten Land:

5 Brötchen, 1/4 l Milch, 80 g Mehl, 1 Prise Salz, 100 g Butter, 4 Eier, je 1 Messerspitze Kardamom und Zimt, 60 g Zucker, abgeriebene Schale von 1/2 Zitrone, 50 g Rosinen, 50 g Korinthen, 100 g Backpflaumen

Die Brötchen in feine Scheiben schneiden, mit lauwarmer Milch begießen und gut durchziehen lassen. Ausdrücken. Butter, Eigelb und Zucker weißschaumig rühren, die Gewürze und Zitronenschale zugeben. Die Brötchen und das Mehl damit glattrühren. Die gewaschenen Rosinen und Korinthen und die zerkleinerten Backpflaumen zugeben und zum Schluß den steifgeschlagenen Eischnee. Ein Leinentuch durch heißes Wasser ziehen, ausdrücken und mit Mehl bestäuben. Den Teig auf das Tuch geben, dieses zusammenbinden und einen Stock quer durchziehen. Den Kloß in einen Topf mit kochendem Wasser hängen. Der große Hans muß 2 Stunden in ständig kochendem Wasser bei geschlossenem Topf garen. Wichtig ist, daß der Kloß den Topfboden nicht berührt.
Der Große Hans wird warm zu Tisch gebracht und mit Fruchtsoße oder Sirup begossen.

Ostfriesische Tee-Creme

1/2 l Milch, 1/4 l starker Ostfriesentee (kalt), 2 Päckchen gemahlene weiße Gelatine, 2 Eier, 4 EL Zucker

Die Milch erhitzen. Die Gelatine nach Vorschrift quellen lassen und auflösen. Die Eigelb mit dem Zucker schaumig schlagen. In diese Schaummasse die heiße Milch, den Tee und die aufgelöste Gelatine rühren. Zum Stocken kühl stellen. Kurz vor dem Erstarren die zu steifem Schnee geschlagenen Eiweiß unterheben. In eine Glasschale füllen und noch einmal gut durchkühlen lassen.
Gut dazu schmeckt geschlagene, süße Sahne.

Rote Grütze

Rote Grütze ißt man im ganzen norddeutschen Raum. Wohl kein Gericht ist so beliebt wie dieser Nachtisch. Hermann Claudius besingt es so:

Heinis Lieblingsrezept!

»Rodegrütt, Rodegrütt!
Kiek mol, wat lütt Heini itt.
Allns rundum hett he vergeten.
Rodegrütt, dat is en Eten!«

1 l Johannisbeer- oder Himbeer- oder Kirschsaft, Saft von 1 Zitrone, 125 g Sago

Den Saft mit dem Sago zum Kochen bringen, die Zitrone hineinträufeln und die Grütze ausquellen lassen. Bei kleiner Flamme dauert das ungefähr $^1/_2$ Stunde. Eine Glasschüssel kalt ausspülen, die Grütze einfüllen und erkalten lassen. Gut gekühlt, mit Milch oder frischer Sahne übergossen, essen.

Welfenspeise

Aus dem Geschlecht der Welfen entwickelte sich das Hannoversche Königshaus. Seine Hausfarben waren Weiß-Gelb. Da dieses Dessert die gleichen Farben aufweist, benannte man es nach dem Königshaus.

$^1/_2$ l Milch, 4 Eischnee, 80 g Zucker, 80 g Stärkemehl, 1 Prise Salz
Soße: 4 Eigelb, 80 g Zucker, Saft von 1 Zitrone, $^1/_4$ l Weißwein

In die kochende Milch mit Zucker gibt man Salz und das angerührte Stärkemehl, läßt alles unter kräftigem Rühren aufkochen und hebt vorsichtig das steifgeschlagene Eiweiß unter und gibt die Creme in eine Schale.
Für die Soße werden alle Zutaten zusammen in einem Topf verquirlt und im Wasserbad zu einer dicklichen Soße geschlagen. Diese gießt man auf die erkaltete Creme.

Sehr hübsch in Portionsgläsern

Puttäpfel

sind nicht nur in und um Hildesheim am Silvesterabend beliebt, im Alten Land freute man sich im Winter nach einer Schlittenpartie auf der Elbe mächtig auf diese heiße Köstlichkeit.

8 Äpfel, 8 TL Kirschmarmelade, einige Butterflöckchen, Zimt, Zucker und Mandelblättchen oder Rosinen

Die Äpfel waschen, abtrocknen und das Kerngehäuse mit dem Apfelbohrer herausholen. Stiele entfernen, die Äpfel aber nicht schälen. Eine Auflaufform mit Butter ausstreichen und die Äpfel hineinsetzen. In die Mitte der Äpfel Marmelade füllen. Die Äpfel mit Zimt und Zucker bestreuen, jeweils ein Butterflöckchen aufsetzen und mit Mandeln oder Rosinen umlegen. Wer mag, kann etwas Weißwein angießen. Die Äpfel bei 200° etwa 30—45 Minuten im vorgeheizten Ofen backen. Sie sind gar, wenn sie ein wenig beifallen und die Haut sich leicht kräuselt. Heiß essen. Reichen Sie dazu Vanillesoße!

Kronsbeeren

In anderen Landesteilen nennt man sie Preiselbeeren. Sie wachsen in Niedersachsen wild und werden im Herbst mit Vorliebe gesucht und gesammelt, da sie zu Wildgerichten, zu Buchweizenpfannkuchen und als Kompott eine Bereicherung des täglichen Speisezettels sind.

3 kg Kronsbeeren, 600 g Zucker, evtl. 2 EL Zitronensaft

Da Kronsbeeren zwar herb aber sehr pektinhaltig sind, brauchen sie zum Gelieren nicht sehr viel Zucker. Wenn Sie das Kompott aber süßer möchten, so fügen Sie noch Zucker nach Ihrem Geschmack zu.

Die Beeren mit dem Zucker und dem Zitronensaft aufkochen lassen und so lange köcheln lassen, bis die Früchte weich sind. Dabei öfter mal umrühren. Die Beeren sollten nicht zerfallen. In das heiße Kompott Salizyl rühren, in gespülte Gläser füllen und mit Einmachhaut nach alter Manier* verschließen.

fig. 13

Gebäck

Grundrezept Hefeteig

500 g Mehl, 100 g Butter, 1 Prise Salz, 75 g Zucker,
3/16 l Milch, 40 g Hefe

Das Mehl in eine vorgewärmte Schüssel geben, und in der Mitte eine Kuhle drücken. Die Hefe mit etwas lauwarmer Milch, 1 TL Zucker und dem Salz glattrühren und in die Kuhle gießen. Mit soviel Mehl vermengen, daß ein Vorteig entsteht. Diesen mit etwas Mehl bestäuben und am warmen Ort 15 Minuten gehen lassen. Danach die Butter und den Rest der Milch leicht erwärmen, mit dem Zucker und Mehl zu einem leichten Teig verarbeiten. Schlagen, bis er Blasen wirft. 20 Minuten gehen lassen. Dieser Teig ist die Grundlage zu mancherlei Gebäck in Niedersachsen:

Kleenbrot

nennt man im Alten Land dieses leicht gesüßte Weißbrot.
Dazu benötigen Sie 1 Grundrezept Hefeteig. Füllen Sie den Teig in eine Kastenform, lassen Sie ihn noch einmal gehen und backen Sie ihn goldbraun ab.

Tauf- oder Hochzeitsbrot

Dazu benötigt man die dreifache Menge Teig.
Im Oldenburgischen rollt man den Teig so groß wie möglich aus. Das Brot ist nur etwa 5 cm—7 cm hoch aber groß und rund wie ein Wagenrad. Es wird von den Nachbarn überreicht.

Luffen

In den Teig werden manchmal Rosinen und Korinthen mit eingearbeitet. Sie sind etwa 4 mal so groß wie Brötchen geformt. Luffen sind heute immer noch eine Spezialität der Lüneburger Heide und des Hildesheimer Raumes. Sie wurden früher dem Personal zum Frühstück an den Schlacht- und Waschtagen und auch bei der Ernte vorgesetzt. Die Kinder freuten sich ebenso darauf wie das Personal, denn Luffen waren etwas Besonderes. Man aß sie ohne Belag nur zu Kaffee.

Samstag für Sonntag bestellen

Rosenbrötchen

werden aus dem gleichen Teig geformt. Man arbeitet Rosinen und Korinthen unter, formt sie zu runden Brötchen, kerbt diese von der Mitte zum Rand hin 5—6 mal tief ein und bestreicht sie mit Rosenwasser. Goldgelb abbacken.

Heißwecken

aus dem gleichen Teig geformte Brötchen, werden auch wohl Heetwichs genannt, weil man sie heiß, bzw. warm essen sollte. Sie wurden früher in ganz Niedersachsen zu Fastnacht gebacken. Heute ißt man sie auch sonntags zum Frühstück.

Apfelknaust

auch »Stütken« genannt, wurden immer dann gebacken, wenn ein wenig Teig übrigblieb. Im Emsland und im Alten Land rollte man den Rest an Teig aus, setzte einen frisch gepflückten Apfel auf die Teigplatte, schlug den Teig darüber zusammen und backte ihn die letzten 20 Minuten mit dem Brot ab. Die Kinder waren von Stütken immer hellauf begeistert.

Zuckerkuchen

In ganz Niedersachsen bekannt, früher ein beliebtes Sonntags- und Beerdigungsgebäck, kennt man ihn heute fast nur noch im Harz und in der Heide.

Nicht an Zucker sparen

1 Rezept Hefeteig, 200 g Zucker

Den Hefeteig dünn ausrollen, gehen lassen und dick mit Zucker bestreuen. Abbacken wie gewohnt.

Norderneyer Butterkuchen

1 Rezept Hefeteig
Belag: 125 g Butter, 125 g Zucker, 2 TL Zimt

Den Teig ausrollen, auf ein gefettetes Backblech legen und gehen lassen. In die Teigplatte mit 2 Gabeln kleine Löcher reißen. Die Butter in Flocken auf dem Teig verteilen, vor allem aber die Flöckchen in die Löcher setzen. Mit Zimt und Zucker bestreuen und goldgelb abbacken. Möglichst frisch essen.

Flottkuchen

Flott nennt man im norddeutschen Raum die süße, flüssige Sahne. Dieses Rezept stammt aus Osterode am Harz:

1 Rezept Hefeteig, 2–3 Becher Sahne

Den Teig ausrollen, auf ein gefettetes Blech legen und die Ränder leicht hochdrücken. Gehen lassen. Den ganzen Teig rautenförmig einritzen. Die Sahne über den Teig gießen und sofort goldgelb abbacken.

Klaben

Ursprünglich aus Bremen stammend, ist er heute im ganzen norddeutschen Raum beliebt. Man backt ihn zu Weihnachten und anderen Festtagen in großen Mengen. Früher trug man seine Klaben zum Bäcker, um sie dort abbacken zu lassen. Da der Klaben — ähnlich dem Dresdner Stollen — sich gut hält, ist es erklärlich, daß gleich mehrere gebacken wurden. Man sagt ihnen nach, daß sie durch längeres Liegen noch besser werden.
Hier das Rezept für 1 Klaben:

500 g Mehl, 60 g Hefe, $^1/_4$ l Milch, 100 g Zucker, 200 g Butter, 50 g Schmalz, $^1/_2$ TL Kardamom, etwas abgeriebene Zitronenschale, 1 Prise Salz, 250 g Rosinen, 100 g Korinthen, 50 g gehackte Mandeln, 30 g Orangeat, 30 g Zitronat, 3 Tropfen Bittermandelöl

Gretes Lieblings-kuchen!

Das Mehl anwärmen, sieben und in eine Schüssel geben. Die Hefe mit etwas Zucker und einigen Löffeln warmer Milch glattrühren und in die Mitte des Mehls laufen lassen. Zu einem Vorteig verrühren und gehen lassen. Milch und Butter leicht erwärmen. Den Vorteig mit dem Mehl und den übrigen Zutaten verkneten, gehen lassen und wiederum gut durcharbeiten. Zu einer dicken Teigplatte

ausrollen und zu einem Stollen formen. Gehen lassen. Mit Butter bestreichen, in den vorgeheizten Backofen auf die untere Schiene stellen und in etwa 1 1/2 Stunden goldbraun ausbacken. Auskühlen lassen und mit Puderzucker bestreuen.
Der Klaben wird in Scheiben geschnitten und mit Butter bestrichen gegessen.
Er hält sich besonders gut, wenn Sie ihn in Alufolie wickeln und kühl lagern.

Bauerntorte

wurde im Oldenburger Land früher nur zur Silberhochzeit gebakken, aber dann gleich 10fach.

Teig: 400 g Butter, 400 g Zucker, 6 Eier, 750 g Mehl
Füllung: 1 l Milch, 200 g Zucker, 2 Päckchen Vanille-Puddingpulver, 500 g Butter, 30 g Kakao

Aus den Zutaten einen guten Mürbteig herstellen, 10 Minuten ruhen lassen und dann dünn ausrollen. Einen Pfannendeckel (von früher) darauflegen und 6 Böden daraus ausschneiden. Diese einzeln und goldgelb abbacken. Auskühlen lassen.
Das Puddingpulver mit etwas Milch und dem Zucker verrühren. Die restliche Milch aufkochen. Das Puddingpulver in die heiße Milch rühren, erneut aufkochen und dann auskühlen lassen. Den Pudding in 2 Hälften teilen. Unter die eine Hälfte den Kakao rühren. Damit die Buttercreme nicht gerinnt, müssen sowohl Butter als auch die Creme die gleiche Temperatur haben. Dann rührt man für die helle Creme die Häfte der Butter schaumig, gibt eßlöffelweise die helle Creme zu und rührt sie schön sahnig. Genauso verfährt man mit dem Schokoladenpudding und der Butter. Die Böden werden dann abwechselnd mit der hellen und der dunklen Creme gefüllt. Die Seiten werden bestrichen, und obenauf spritzt man mit einer Kuchenspritze ein Karomuster zur Dekoration darauf. Die Torte macht nicht nur viel Arbeit, sie ist auch — wie Sie sehen — sehr kalorienreich. Vom Geschmack her aber ist sie köstlich.

Buchweizentorte

Schmeckt auch mit Sauerkirschen gut

Teig: 6 Eier, 200 g Zucker, 100 g Buchweizenmehl, 2 TL Backpulver
Füllung: 1 Glas Preiselbeeren (auch Kronsbeeren genannt), 2 Becher Sahne, 2 Päckchen Vanillezucker, 2 EL Zucker
Verzierung: Geraspelte Schokolade, Preiselbeertupfer

Die Eigelb mit dem Zucker schaumig schlagen. Das Mehl mit dem Backpulver mischen. Die Eiweiß zu Schnee schlagen und mit dem Mehl unter die Eigelbmasse heben. In eine gefettete Springform füllen und bei 175° etwa 30—45 Minuten auf der unteren Schiene backen. Auskühlen lassen und dann zweimal durchschneiden.
Die Sahne süßen und steifschlagen. Die Tortenlagen jeweils mit Preiselbeeren und Sahne bestreichen, zusammensetzen und rundum mit Sahne überziehen. Kleine Tupfer Preiselbeerkompott aufsetzen und mit geraspelter Schokolade überstreuen.
Die Torte hat eine Hausfrau in der Lüneburger Heide erfunden. Sie wird heute in ganz Niedersachsen gebacken.

Pflaumentorte aus Ostfriesland

Diese Torte ist nach altüberliefertem Rezept zusammengestellt. Früher allerdings backte man die Böden als Hefeteigböden ab, heute begnügt man sich mit Blätterteigböden.

Teig: 2 Pakete tiefgekühlter Blätterteig
Füllung: 250 g getrocknete Pflaumen ohne Kerne, $^{1}/_{8}$ l Wasser, 2 cl Zwetschgenwasser, etwas Speisestärke, $^{1}/_{2}$ l Sahne

Den tiefgekühlten Blätterteig auftauen, nach Vorschrift ausrollen und zu 2 Platten rund ausstechen. Abbacken!
Die Pflaumen quellen lassen, aufkochen und mit Zwetschgenwasser und Speisestärke binden. Die Sahne zuckern und steifschlagen. Zwischen die Böden füllt man lagenweise die angedickten Pflaumen und die Hälfte der Sahne. Der zweite Boden wird aufgelegt. Die restliche Sahne an den Rand und obenauf streichen, so daß die Torte glatt wird. Gekochte Pflaumen verzieren diese Torte.
Nach Ostfriesenart trinkt man dazu natürlich Tee.

Ostfriesische Knüppeltorte

Kennen Sie das ostfriesische Teezeremoniell? Es ist so recht angetan, mit dieser Knüppeltorte im Einklang ein gemütliches Plauderstündchen abzugeben.
Tee-Rezept s. S. 120.

Teig: 6 Eigelb, 6 EL saure Sahne, 5 EL Zucker, 150 g Mehl, Butter zum Ausbacken
Mandelmasse: 350 g Zucker, 250 g blättrige Mandeln, 125 g Sukkade, 1 abgeriebene Zitronenschale, 2 Päckchen Vanillezucker

Aus Mehl, Eigelb, saurer Sahne und Zucker bereitet man einen lockeren Knetteig, rollt ihn aus und schneidet kleine Vierecke daraus, die man dann in der Pfanne in Butter von beiden Seiten goldgelb ausbackt.
Nun wird der Zucker für die Mandelmasse mit etwas Wasser aufgekocht, die blättrigen Mandeln, Sukkade, Zitronenschale und Vanillezucker dazugegeben, alles schnell miteinander vermengt. Nun werden die gebackenen Teigstückchen mit der anderen Masse verarbeitet und in eine mit Zuckerwasser ausgespülte Springform gegeben und festgedrückt. Der Kuchen muß eine Nacht kühl stehen! Vor dem Servieren den Kuchen mit der Form in heißes Wasser stellen oder kurz in den heißen Backofen schieben.

Braunschweiger Honigkuchen

Alte Honigkuchenstädte im Norden unseres Landes sind Bremen und Braunschweig. Im Gegensatz zu den Plattenkuchen in Süddeutschland backte man hier »dicke Kuchen«. Der Honig, der für dieses Gebäck nötig war, wurde aus der Heide geholt. Das Weizenmehl stammte von den fruchtbaren Lößböden des Braunschweiger Raumes.
Hans Wiswe aus Wolfenbüttel, Sprachforscher des niedersächsischen Raumes, erzählte mir, daß die Honigkuchen früher nie im eigenen Ofen eines Haushalts gebacken wurden. Vielmehr gab es die Honigkuchenbäcker, die eine eigenständige Gilde bildeten. Sie verkauften ihre Kuchen an Ständen und Haustüren, bei Prozessionen am Wegesrand und auf den Weihnachtsmärkten. Rechtzeitig zum Kaffee-Klatsch einladen

Honigkuchen war nicht nur ein beliebtes Gebäck, es diente ebenso zum Andicken von Soßen und besonders zum Herstellen der berühmten Branntweinkaltschalten (s. S. 123).
Das Rezept für einen dicken Honigkuchen:

250 g Honig, 125 g brauner Zucker, 100 g Butter, etwas Wasser, je 1 TL Zimt, Ingwer, Kardamom, geriebene Muskatnuß, 500 g Mehl, 1 Päckchen Backpulver (früher Pottasche), 2 Eier, 1 Prise Salz, 100 g geriebene Mandeln

Honig, Zucker und Butter mit etwas Wasser in einem Topf erhitzen und wieder abkühlen lassen. Das Mehl mit dem Backpulver, den Gewürzen und den Mandeln mischen, in eine Schüssel geben und mit der Honigmasse und den Eiern verrühren. Den Teig mit Salz kräftig abschmecken, in eine gebutterte Kastenform füllen und bei 180° C auf der unteren Schiene des Backofens etwa 75 Minuten abbacken.
Das Gebäck sollte kräftig gewürzt sein. In früheren Zeiten gab man sogar noch eine kräftige Prise Pfeffer hinein, wie überhaupt alle Gerichte stark überwürzt waren. Hans Wiswe: »Das diente zur besseren Verdauung und zum Abwenden von Krankheiten, wie man meinte.«

Göttinger Speckkuchen

Hefeteig (s. S. 106) von 1 kg Mehl, 1 l saure Sahne, 6 Eier, 250 g Zwiebeln, 300 g durchwachsener geräucherter Speck, Salz, Pfeffer, knapp 1 EL Kümmel

Den Hefeteig auf Blechgröße ausrollen, auf das Blech legen, einen Rand ringsum hochdrücken und gehen lassen. Inzwischen Speck und Zwiebeln fein würfeln. Die Sahne mit den Eiern, dem Salz und Pfeffer und Kümmel verquirlen und auf den Teig gießen. Die Speck- und Zwiebelwürfel verteilen. Den Kuchen in den vorgeheizten Backofen schieben und bei 225° auf der mittleren Schiene etwa 20—30 Minuten abbacken, bis der Kuchen von oben eine goldbraune Farbe zeigt. Heute ißt man ihn heiß zu Bier oder frischem Wein, früher war er pikante Beilage zur Kartoffelsuppe.

Bentheimer Moppen

200 g Honig, 150 g Zucker, 1 Prise Salz, 60 g Butter, 500 g Mehl, 1/2 Päckchen Backpulver oder 40 g Hefe, je 1 TL gemahlene Nelken und Zimt, 2 Eier, 1 Päckchen Schokoladenglasur

Honig, Zucker, Salz und Butter in einem Topf erhitzen und wieder auskühlen lassen. Das Mehl, Backpulver, die Nelken und den Zimt mischen, in eine Schüssel geben und mit dem Honigbrei und den Eiern zu einem luftigen Teig verkneten. Diesen 1 Tag und 1 Nacht im Kühlschrank ruhen lassen. Ein Blech einfetten, aus dem Teig walnußgroße Kugeln formen und auf das Blech setzen. Bei 180° etwa 15 Minuten abbacken. Die Moppen mit Schokoladenglasur überziehen, auskühlen lassen und in gut schließenden Blechdosen aufbewahren.

Dreikönigssterne

Im Ammerland, um Westerstede wird dieses Gebäck noch heute in großen Mengen gebacken. Hier wie wohl in ganz Deutschland gehen nämlich auch die drei Weisen aus dem Morgenland von Haus zu Haus und singen:

»Ick bin de lütke König,
gewet mi nich tau wenig,
loat mi nich tau longe stoahn,
ick mot noch'n Hüsken wieder goahn.«

Danach stecken die Hausfrauen den Kindern die Taschen mit Pfeffernüssen und Dreikönigssternen voll.

375 g Sirup, 250 g Zucker, 100–150 g Schmalz oder Butter, 1 TL gemahlener Koriander, 1 TL gemahlene Nelken, 1 TL Apfelsinenschale, feingeschnitten, 50 g Zitronat, 1 kg Mehl (oder etwas mehr), 1/2 TL Salz, etwas Hirschhornsalz, 1 TL Pottasche

Den Sirup mit dem Zucker, dem Fett und den Gewürzen aufkochen und erkalten lassen. Umrühren und mit den übrigen Zutaten verkneten. Den Teig zugedeckt 3—4 Tage in den Kühlschrank stellen. Danach ausrollen und Sterne ausstechen. Bei 180° etwa 15 Minuten abbacken.

Pfeffernüsse, im norddeutschen Raum »Päppernöte« genannt, werden aus dem gleichen Teig hergestellt. Dazu formt man aber aus dem Teig kleine, abgeflachte Kugeln und backt sie in 20 Minuten goldbraun. Hübsch mit Zitronen- oder Schokoladenglasur und Zuckerperlen verzieren.

Immer noch und immer wieder beliebt

Braune Kuchen

Ohne braune Kuchen wäre das Weihnachtsfest in Niedersachsen undenkbar. Es wird milchkannenweise gebacken, damit man nicht nur zu Weihnachten, sondern auch zum Dreikönigssingen und darüber hinaus noch Vorrat haben. Die letzten, etwas weich gewordenen Plätzchen aß man früher als Belag auf gebuttertem Brot.

250 g Sirup oder Kunsthonig, 100 g Butter, 100 g Schmalz, 200 g Zucker, 500 g Mehl, je 1 TL Kardamom, Nelkenpfeffer, Zimt, Zitronenschale, Backpulver oder Natron

Den Sirup langsam zum Kochen bringen, abkühlen lassen und mit dem Mehl, dem Triebmittel und den Gewürzen zu einem geschmeidigen Teig verkneten. Den Teig einige Stunden kühl stellen. Danach ausrollen, Formen oder Rechtecke ausstechen und mit Mandeln belegen. Braun abbacken und auskühlen lassen. Dann in gut schließenden Blechdosen aufbewahren.

Nicht vergessen: Zimt einkaufen

Hannoversche Zimtbrezeln

500 g Mehl, 1/2 Becher saure Sahne, 2 Eier, 1 Prise Salz, 250 g Butter, 250 g Zucker zum Bestreuen: Zimt-Zucker-Gemisch

Aus den Zutaten einen glatten Knetteig herstellen, den man 45 Minuten kühl stellen sollte. Danach rollen Sie ihn aus, schneiden ihn in 15 cm lange und 1/2 cm breite Streifen und legen diese zu Brezeln zusammen. Ein Blech fetten, die Brezel darauf legen und bei 225° etwa 5—7 Minuten backen. Anschließend sofort in dem Zimt—Zucker—Gemisch wenden und auskühlen lassen.

Heidesand

300 g Butter, 250 g Zucker, 2 Päckchen Vanillezucker, 2 EL Milch, 400 g Mehl, 1 TL Backpulver

Die Butter bis zum Braunwerden zerlassen und wieder auskühlen lassen. Die fast erstarrte Butter mit dem Zucker, Vanillezucker und der Milch schaumig rühren. Dann das mit dem Backpulver vermischte Mehl unterarbeiten, so daß ein geschmeidiger Knetteig entsteht. Daraus eine etwa 3—4 cm dicke Rolle formen. Diese in den Kühlschrank stellen und so lange durchkühlen, bis sie hart ist. Ein Backblech fetten, von der Rolle etwa 1/2 cm dicke Scheiben abschneiden und diese auf das Blech legen. Bei 180° etwa 10—15 Minuten im vorgeheizten Backofen auf der mittleren Schiene abbacken.

Hildesheimer Pumpernickel

Dieses Gebäck ist nicht zu verwechseln mit dem westfälischen Pumpernickel, dem schwarzen Roggenbrot. Hier ist es ein Knuspergebäck, stark gewürzt und mit Mandeln und Nüssen verfeinert. Das Originalrezept liegt sorgsam gehütet in den Konditoreien der Stadt. Daher können wir es nur nachahmen.

100 g Butter, 100 g Zucker, 2 Eier, je 1 Messerspitze Nelken, Zimt, Kardamom, je 50 g gehackte oder gemahlene Mandeln und Nüsse, evtl. 100 g geriebene Schokolade, 200 g Mehl, 1/2 Päckchen Backpulver (früher Pottasche)
zum Bestreichen: etwas flüssige Butter, 1 Messerspitze Nelkenpulver, 1/2 TL Zimt

Nur für gute Zähne

Aus den Zutaten einen zähen Teig rühren und auf ein gefettetes Blech streichen. Butter, Nelkenpulver und Zimt verrühren und mit dem Backpinsel auftragen. In den vorgeheizten Backofen schieben und 10 Minuten abbacken. Sofort nach dem Backen, wenn die Platte noch weich ist, in schmale Streifen schneiden und vom Backblech lösen. Ausgekühlt in gut schließenden Blechdosen aufbewahren.

Braunschweiger Prilleken

Ein typisches Fastnachtsgebäck aus diesem Raum, zu dem man folgende Zutaten braucht:

500 g Mehl, 40 g Hefe, 1 TL Zucker, 1/8 l lauwarme Milch, 40 g Zucker, 2 EL Öl, 2 Eigelb, etwa 1/2 TL Salz
zum Ausbacken: Fritierfett
zum Bestreuen: Zimt-Zucker-Gemisch

Nach dem Grundrezept (s. S. 106) einen guten Teig herstellen und bleistiftdick ausrollen. Von dieser Teigplatte rädelt man 12—15 cm lange und 3 cm breite Streifen aus. In die Mitte macht man einen Schnitt und schlingt das untere Ende durch die Schlaufe, so daß eine Art Schleife entsteht. Eine andere Möglichkeit: 2 Streifen so in einander zu verschlingen, daß ein Knoten entsteht. Die Prilleken in heißem Fett auf beiden Seiten goldbraun ausbacken und durch ein Zimt-Zucker-Gemisch wälzen. Möglichst frisch essen! Heute wählt man die schlichtere Form: mit einem Löffel kleine Bällchen vom Teig abstechen und in das heiße Fett gleiten lassen. In Zucker wälzen.
Den Teig zu runden Ballen geformt, gefüllt mit Marmelade oder Pflaumenmus, nennt man im Ammerland »Bambeitjes« und ist bevorzugtes Gebäck zu Silvester und zur Fastnacht. Auch im Harz werden »Prilleken« gefüllt.

Unerwar-
tet Besuch?
Prilleken
helfen gut
aus.

Notizen & weitere Rezepte:

fig. 14

Getränke

Tee, nach Art der Ostfriesen zu trinken

Tee ist nicht nur das Nationalgetränk der Ostfriesen, »Teetied« ist dem Ostfriesen heilig. Tee wird fast zu jeder Tageszeit getrunken: morgens zum Frühstück, um 11 Uhr als sogenanntes »Elfürtje« mit einem Gläschen Branntwein, am Nachmittag zwischen 14 und 15 Uhr und abends nach dem Essen. »Teetied« wird nach Möglichkeit immer eingehalten. Auch Gäste lädt man zum gemütlichen Plaudern bei einer Tasse Tee ein. Hatte man früher Gäste am Abend, so reichte man zur Begrüßung ein Täßchen Tee.

Ostfriesische Teemischung, weißer Kandis, süße Sahne

Man rechnet pro Tasse 1 TL ostfriesische Teemischung und obendrein noch einen Teelöffel für die Kanne. Für die Zubereitung benutzt man nur eine Prozellankanne, die vorher gut mit heißem Wasser ausgespült werden muß. Die Kanne wird auf ein »Teestowke«, ein Teestövchen, gestellt und der Tee hineingegeben. Darüber gießt man soviel kochendes Wasser, daß der Tee gut bedeckt ist, und läßt ihn dann 5 Minuten ziehen. Danach gießt man die Kanne mit kochendem Wasser voll. Bevor der Tee eingeschenkt wird, gibt man in jede Teetasse einen dicken »Kluntje« Kandiszucker und gießt den Tee darüber, so daß es knistert. Darauf legt man mit einem besonderen ostfriesischen Sahnelöffel ein »Wulkje«, ein Wölkchen Sahne, und trinkt den Tee aus, ohne ihn vorher umzurühren. Ist die Tasse leer, wird erneut Tee eingegossen. Der Kandis reicht meistens für 3 Tassen.

Brotwasser

Das ist von altersher das erfrischende Getränk zur Sommer- bzw. Erntezeit: denn Brotwasser war bei schwerer Arbeit auf dem Feld in der Gluthitze immer ein hervorragender und preiswerter Durstlöscher.

Dazu wird Pumpernickel in Wasser aufgekocht, leicht gesüßt und zum Erkalten beiseite gestellt. Eine Düppe voll davon wanderte stets mit auf das Feld.

Warmbier

Warmbier war in früheren Jahren ein beliebtes Getränk zu jeder Jahreszeit. Es wurde aus leichtem, alkoholarmem, obergärigem Dünnbier, das jeder Bauer selbst herstellte, gemacht: Man brockte Zwieback-, Brot- oder trocken gewordene Kuchenreste in das Bier und erhitzte es.

Eierbier

Bevor die großen Eisbrecher die Elbe frei von Eis hielten, war es das größte winterliche Vergnügen der Hamburger und Altländer, auf der Elbe Schlitten zu fahren oder Schlittschuh zu laufen. Am Ufer standen Buden und Zelte, die Zuckerstangen, Schmalzgebäck und Eierbier verkauften. Leider ist diese Herrlichkeit heute vorbei. Das Eierbier aber schmeckt und bekommt man heute noch.

$^3/_4$ l Bier, 100 g Kandis, $^1/_2$ Stange Zimt, 1 Messerspitze Ingwer, 2 Eier, 2 cl Korn, evtl. $^1/_8$ l Sahne

Das Bier wird mit dem Kandiszucker und der Zimtstange erhitzt. Die Eier werden schaumig geschlagen und unter Rühren langsam zu dem heißen Bier gegeben. Die Zimtstange entfernen und sehr heiß servieren. Es schmeckt sehr gut, wenn man ungeschlagene Sahne unterrührt.

Pingel-Schnaps

Zutaten pro Person: 1 Pingelglas, 1 Pingellöffel, 1 Pingellöffel Zucker, 1 cl. gekühlter Klarer

In Rheiderland ist Pingelschnaps ein bekanntes Getränk, es gab sogar extra Pingelgläser und -löffel. Man gab einen kleinen Löffel Zucker in das Glas, und darauf kam der gutgekühlte Klare. Getrunken wurde er mit Hilfe des Löffels, dabei pingelte es dann. Daher der Name Pingelschnaps.

Grog

So einen steifen Grog reicht man immer dann, wenn der Wind um die Türen pfeift, wenn eine Erkältung droht, oder wenn man aus irgendeinem anderen Grund schnell warm werden muß. Die Ostfriesen wissen dieses Getränk zu schätzen.

Pro Glas: 3 Stückchen Würfelzucker, 2 cl Rum und eine knappe Tasse kochendes Wasser

Den Würfelzucker in feuerfeste Gläser geben, mit Rum tränken und mit dem Wasser übergießen. Das weckt lebensmüde Geister ganz bestimmt wieder auf.

Sienbohnensopp

Ist wieder „in"

Das hat mit Bohnensuppe nichts zu tun, das ist Schnaps mit Rosinen, wie ihn die Ostfriesen zu Hochzeiten, zu Familienfeiern überhaupt, besonders aber zu Kindtaufen trinken. Wenn ein Bube geboren wird, setzt man größere »Bohnen« auf als bei Geburten von Mädchen. Wenn Besucher kommen und den glücklichen Eltern gratulieren wollen, bekommen sie diesen Willkommenstrunk:

205 g Rosinen (Sultaninen), 1 Flasche Doornkaat, 2 EL Kandiszucker

Die Rosinen mit dem Kandis und dem Alkohol ansetzen. Acht Tage ziehen lassen, damit sich der Kandis auflöst und die Rosinen quellen können. Man »ißt« Sienbohnensopp aus ostfriesischen henkellosen Tassen oder aus dem Zinnlöffel.
Begrüßen Sie Ihre Gäste zur Abendeinladung mit Sienbohnensopp. Wenn Sie sie schärfer mögen, lassen Sie eine getrocknete Ingwerwurzel mitquellen. Als Longdrink füllen Sie 1 Löffel voll in ein Sektglas und füllen mit Sekt auf.
Vorsicht ist aber geboten!

Maria zur Taufe mitbringen.

Branntweinkaltschale

Was den Ostfriesen die Sienbohnensopp ist, das ist den übrigen Niedersachsen die Branntweinkaltschale, regional verschieden als Brennwins-Koschal, Brannwins-Keschal, Honnigkäaukenschale bezeichnet. Dr. Heinrich Finke, Köln, hat sich mit diesem Phänomen sehr beschäftigt und in etlichen Aufsätzen dargelegt, daß die Kaltschale über Niedersachsen hinaus kaum bekannt geworden ist. Im Lande selber aber ist sie seit Jahrhunderten ein traditioneller Willkommenstrunk zu Weihnachten, Neujahr, zu Schlacht- und Richtfesten. Das ganze Jahr hindurch freute man sich darauf. Im Solling z. B. wurde man in der Weihnachtszeit mit dem Spruch »Wee willt inbrocken!« eingeladen. Dazu setzte man sich an einen großen Tisch, auf dem in der Mitte die große Branntweinkaltschale (eine Zinnschale mit 2 Henkeln) stand, gefüllt mit der köstlichen Speise — oder Trank!? — und einem Zinnlöffel. Die Gastgeberin zog die Schüssel als erste zu sich heran, nahm einen Löffel voll heraus und aß. Der Löffel wurde wieder hineingesteckt, und die Schüssel ging jetzt reihum.

Das mach ich nach! Uli schmeckt das bestimmt.

Hier die Zubereitung:
Die Schale wurde am Tage vor dem Fest mit zerkrümeltem Honigkuchen gefüllt und mit soviel Schnaps übergossen, bis sich die ganze Masse vollgesogen hatte. Diese wurde zu Brei gerührt und mit Zucker gesüßt. In manchen Gegenden Niedersachsens, z. B. um Braunschweig, reicherte man die Kaltschale mit Rosinen, gehackten Mandeln oder Nüssen an. Wichtig ist, daß der Schnaps gut durchzieht, evtl. muß man davon am anderen Tag noch etwas nachfüllen. Sollten Sie keinen Honigkuchen mögen, so helfen Sie sich ersatzweise — wie man es in der Heide auch wohl tat — mit Zwieback oder geröstetem Brot.

Oma tut noch Rosinen daran

Kassebetten-Upgesetten

Lecker!

Kassebetten oder Traubenkirschen wachsen in Niedersachsen, speziell im Oldenburgischen, wild und werden gern für den »Aufgesetzten« gesammelt.

2 Flaschen klarer Korn, 500 g Traubenkirschen, 200 g Kandiszucker

Auch Oma spuckte nicht hinein!

Die gewaschenen Kirschen in 3 Flaschen verteilen, ebenso den Kandis. Mit Korn auffüllen. Die Flaschen gut verkorken und an das Fenster, in die Sonne stellen. Täglich schütteln, damit sich der Zucker auflöst. Nach etwa 4—6 Wochen in andere Flaschen (ohne Beeren) umfüllen. Kassebetten schmecken feinherb und sind eine köstliche Spezialität Niedersachsens.
Früher setzte man Kassebetten-Upgesetten in großen Korbflaschen auf. Machte man sonntagsnachmittags Visite, dann konnte man sicher gehen, mit einem Stückchen Butterkuchen und Upgesetten bewirtet zu werden.

»Lütje Lage«

Nationalgetränk der Hannoveraner ist die »Lütje Lage«, bestehend aus obergärigem Braunbier und Kornschnaps, die beide aus Spezialgläsern getrunken werden.
Dabei verfährt man so: mit dem kleinen Finger der rechten Hand greift man den Henkel des Schnapsglases, mit Daumen und Zeigefinger das Bierglas. Versuchen Sie einmal, den Schnaps mit dem Bier zu trinken, oder den Schnaps ins Bier laufen zu lassen. So sollte es sein.

Braunschweiger Mumme

Man erhält sie heute leider nur noch sehr selten, vielleicht in einigen noch urtümlichen Kneipen. Dabei ist die Mumme ein so erfrischendes Getränk. Sie besteht aus Dunkelbier und einem extra gereichten Malzextrakt, das leicht süß ist. Mit einem langen Löffel mischt man sich nun »Mumme« ins Glas, ganz nach Geschmack.

Notizen & weitere Rezepte:

Wenn eener kummt un to mi ſeggt,
he mak et alle Lüe recht,
ſegg ik to em: „Mien Fründ, mit Gunſt
lehr mi ok diſſe ſwore Kunſt!"

Inhalt

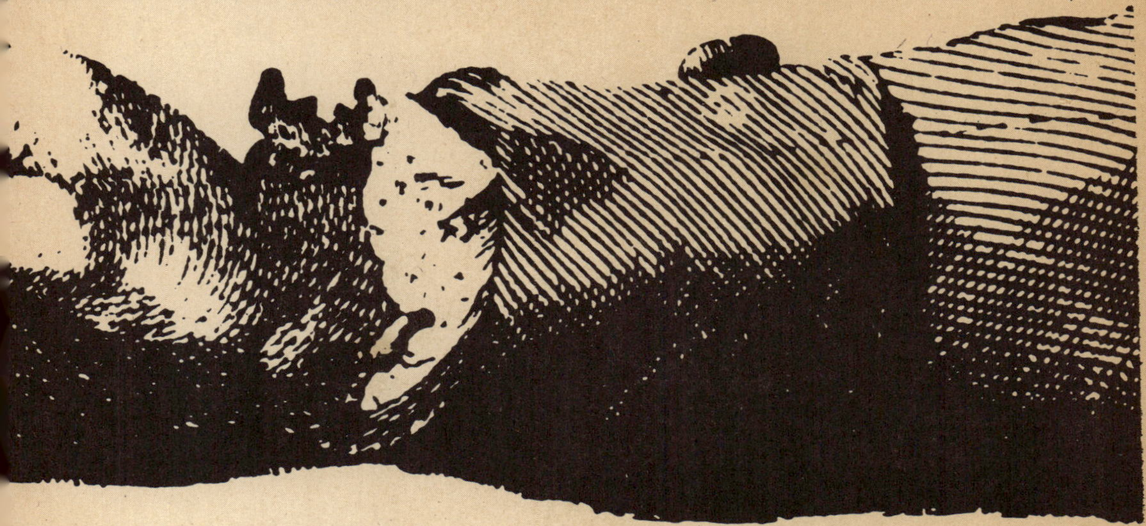

1. Suppen und Suppeneintöpfe

2. Milchspeisen

3. Klöße, Klüten, Klümpe

4. Kleine Gerichte für zwischendurch

5. Fleischgerichte

6. Hausschlachtung

7. Wild- und Geflügelrezepte

8. Fische und Schalentiere

9. Eintöpfe, Gemüse und Salate

10. Pfannen- und Kartoffelgerichte

11. Soßen

12. Desserts

13. Gebäck

Notizen & weitere Rezepte:

Wenn Sie sich für weitere Bücher aus unserem Verlag interessieren, schreiben Sie uns oder fragen Sie Ihren Buchhändler. Nachdem Sie dieses Buch kennengelernt haben, werden Ihnen sicher auch unsere anderen Titel zusagen, wobei Sie diejenigen, die wie das vorliegende Buch auch zur Landschaftsserie gehören, alle zu dem gleichen Preis erwerben können.

Eine kleine Überraschung haben wir noch für Sie. Sie können bei uns eine Schürze aus dem Umschlagstoff dieses Buches, aber auch aller anderer Landschafts-Titel unseres Verlages bestellen, besonders zum Verschenken und Selberschenken, zum Preis von DM 18,-. Sie wird Ihnen bestimmt gefallen!

In unserem Verlag sind erschienen:

Das Brotbackbuch
Das Kochbuch aus Hamburg
Das Kochbuch vom Oberrhein
Das Kochbuch aus Berlin
Das Kochbuch aus München und Oberbayern
Das Kochbuch aus Franken
Das Kochbuch aus Bremen
Das Kochbuch aus dem Münsterland
Das Kochbuch aus Tirol
Das Kochbuch aus Hessen
Das Kochbuch aus Thüringen, Sachsen und Schlesien
Das Kochbuch aus Mecklenburg, Pommern und Ostpreußen
Das Kochbuch aus Schleswig-Holstein
Das Kochbuch aus dem Rheinland
Das Kochbuch aus dem Saarland
Das Kochbuch aus Schwaben
Das Kochbuch aus Basel
Das praktische Jagdkochbuch
Das Buch vom schönen Backen
Das Kochbuch aus Kombüse und Pantry